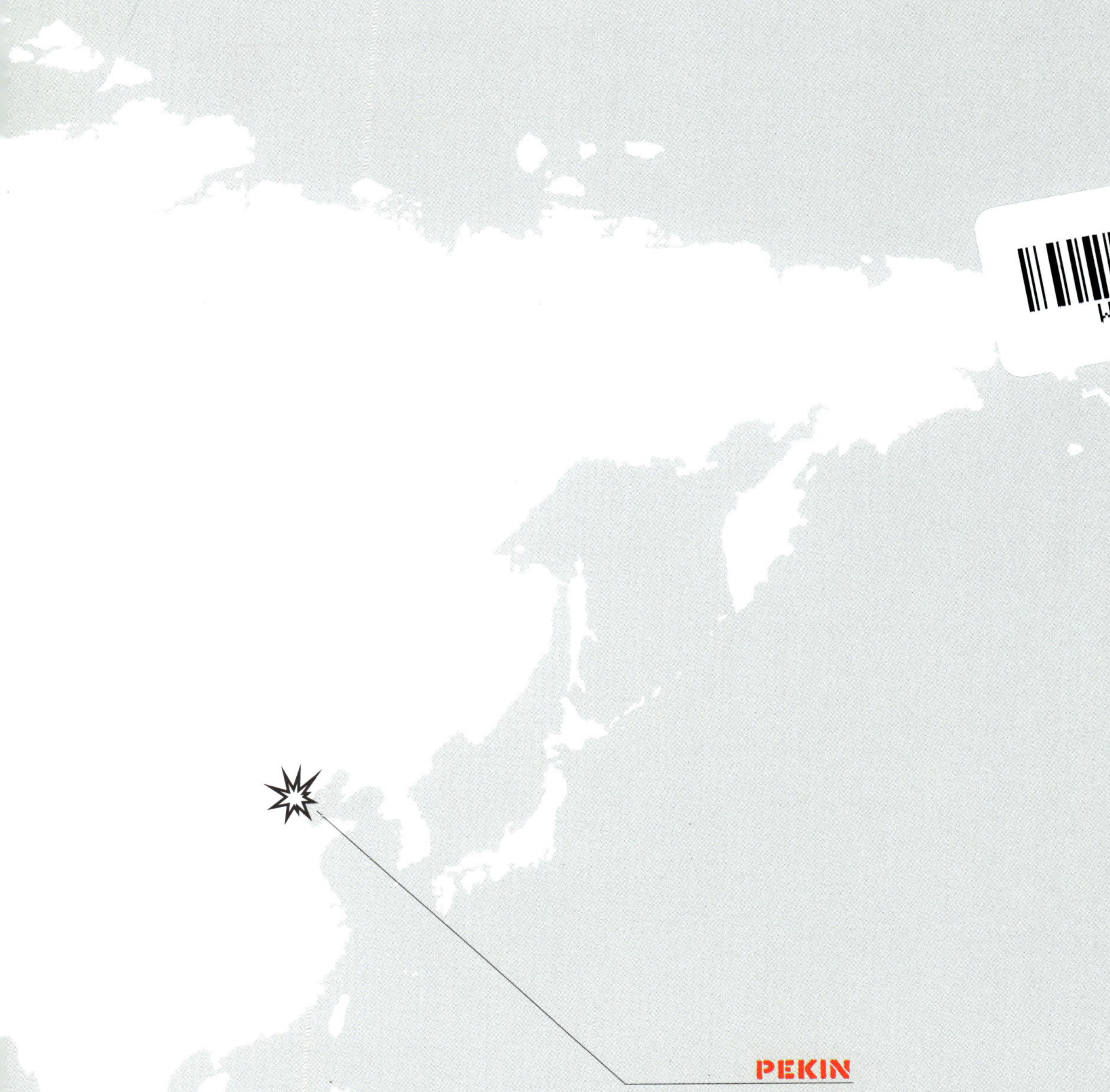

PEKIN

ÉTÉ 1943
TOME 6

W0374971

WW2.2

1

LA BATAILLE DE PARIS

SCÉNARIO : DAVID CHAUVEL
DESSIN : HERVÉ BOIVIN
DESSIN DU PROLOGUE : ÉRIC HENNINOT
COULEUR : DELF

Tout le monde ou presque, chez nous et à l'étranger,
pense que l'armée française s'est enfuie à toutes jambes
et que les Allemands ont occupé le pays sans aucune peine, sans coup férir.
Ils ont tort. C'est faux.
Car cette période que les Français refoulent dans la mémoire collective a été glorieuse, quoique tragique.

Jean-Pierre Richardot *100 000 morts oubliés* Le Cherche Midi – 2009

Merci à tous les auteurs qui ont accepté de participer au projet,
et merci aux relecteurs de choc.

D. C.

Merci à Jonathan, consultant sur la série.

Lettrage : Christophe Semal

Si vous souhaitez connaître la suite, laissez-nous votre e-mail sur *http://www.dargaud.com/ww-2-2/alerte*
pour être averti dès la sortie du prochain tome de *WW2.2.*

Certifié PEFC
Ce produit est issu de forêts gérées durablement et de sources recyclées et contrôlées.
PEFC 10-31-1800
pefc-france.org

www.dargaud.com

© DARGAUD 2013
PREMIÈRE ÉDITION EN 2012
Tous droits de traduction, de reproduction et d'adaptation strictement réservés pour tous pays.
Dépôt légal : novembre 2013 • ISBN 978-2205-06514-5
Imprimé et relié en France par PPO Graphic, 91120 Palaiseau

JE M'APPELLE GEORG ELSER, JE SUIS NÉ LE 4 JANVIER 1903 À HERMARINGEN.
TCHAC
HAB
J'AI ÉTÉ LÉGITIMÉ PAR LE MARIAGE DE MA MÈRE AVEC L. ELSER, QUI VIVAIT À KÖNIGSBRONN, OÙ J'AI VÉCU AVEC MES FRÈRES ET SŒURS JUSQU'EN 1925.
J'AI PASSÉ TOUTE MON ENFANCE ET MON ADOLESCENCE AU DOMICILE PARENTAL.
TCHAC
ABE
MON PÈRE RENTRAIT SOUVENT TRÈS TARD À LA MAISON... POUR CE QUE J'EN SAIS, IL ÉTAIT AU BISTROT.
PENDANT LA GUERRE, NOUS AVONS ÉTÉ DANS LE BESOIN... NOUS AVIONS FAIM TOUS LES ANS À LA FIN DE L'ANNÉE, PARCE QUE NOUS ÉTIONS OBLIGÉS DE LIVRER TOUTE NOTRE RÉCOLTE ET NOUS N'EN GARDIONS QU'UNE PETITE PART.
J'AI COMMENCÉ L'ÉCOLE À L'ÂGE DE SEPT ANS... ET L'AI QUITTÉE AU PRINTEMPS 1917, POUR AIDER MON PÈRE DANS SES TRANSPORTS DE BOIS ET MA MÈRE DANS SES TÂCHES AGRICOLES.
TOUT CE QUI TOUCHAIT AU BRICOLAGE M'INTÉRESSAIT BEAUCOUP... DÉJÀ, PETIT, JE FABRIQUAIS DES OBJETS CHANTOURNÉS ET JE BRICOLAIS DES PETITES CHOSES.
TCHAC
TCHAC
E A
JE SUIS ENTRÉ COMME APPRENTI CHEZ ROBERT S., MENUISIER, LE 15 MARS 1919... ET J'AI TERMINÉ MON APPRENTISSAGE LE 15 MARS 1922.
AU PRINTEMPS, J'AI ÉTÉ REÇU PREMIER À L'EXAMEN FINAL DE L'ÉCOLE TECHNIQUE DE HEIDENHEIM.
TCHAC
AD
PENDANT LES QUINZE ANNÉES SUIVANTES, J'AI TRAVAILLÉ EN TANT QUE MENUISIER DANS DIVERSES MENUISERIES ET ENTREPRISES, OU BIEN DANS MON COIN.

FIN DÉCEMBRE 1936, J'AI COMMENCÉ À TRAVAILLER COMME MANŒUVRE À L'ARMATURENFABRIK W. À HEIDENHEIM.
TCHAC
ADO
LORSQU'ON ME DEMANDE SI JE CONSIDÈRE MON ACTE COMME UN PÉCHÉ AU REGARD DE LA MORALE PROTESTANTE, J'AI ENVIE DE RÉPONDRE : "AU SENS PROFOND, NON !"
JE CROIS QUE LES ÂMES CONTINUENT DE VIVRE APRÈS LA MORT...
TCHAC
DOL
...ET J'ÉTAIS ÉGALEMENT PERSUADÉ DE MONTER AU CIEL SI JE POUVAIS PROUVER, PAR LA SUITE DE MA VIE, QUE JE VOULAIS FAIRE LE BIEN.
PAR MON ACTE, JE VOULAIS EN EFFET ÉVITER QUE LE SANG NE COULE BIEN DAVANTAGE.
JE CROIS QUE LA TERRE ET LA VIE HUMAINE ONT ÉTÉ CRÉÉES PAR DIEU.
JE CROIS AUSSI QUE RIEN N'A LIEU SUR TERRE QUE DIEU N'IGNORE.
TCHAC
OLF
CERTES, LES GENS AGISSENT À LEUR GUISE...
... MAIS DIEU PEUT INTERVENIR QUAND IL VEUT.
TCHAC
TCHAC
F H
MOI AUSSI, IL M'A LAISSÉ AGIR.
2

JE NE SUIS PAS EN MESURE DE PRÉCISER SI C'ÉTAIT AVANT OU APRÈS LA CRISE DE SEPTEMBRE 1938, MAIS JE RÉFLÉCHISSAIS, SEUL, À LA MANIÈRE DONT IL AURAIT ÉTÉ POSSIBLE D'AMÉLIORER LA CONDITION DES OUVRIERS ET D'ÉVITER LA GUERRE.
TCHAC
HI
PERSONNE NE M'A INCITÉ À ME POSER CES QUESTIONS, PERSONNE NE M'A INFLUENCÉ DANS MES PENSÉES.
LES CONSTATATIONS QUE JE FAISAIS ME MENAIENT À LA CONCLUSION QU'IL NE SERAIT POSSIBLE DE CHANGER LA SITUATION QU'EN ÉLIMINANT LE RÉGIME EN PLACE.
TCHAC
HIT
QUAND JE DIS "RÉGIME", JE PENSE AUX DIRIGEANTS, C'EST-À-DIRE HITLER, GÖRING ET GOEBBELS.
L'IDÉE D'ÉLIMINER LE GOUVERNEMENT N'A ALORS PLUS QUITTÉ MON ESPRIT, ET DÈS L'AUTOMNE 1938, AVANT LE MOIS DE NOVEMBRE, J'AI PRIS LA DÉCISION, AU VU DE CE QUE JE NE CESSAIS D'OBSERVER, DE PROCÉDER MOI-MÊME À CETTE ÉLIMINATION.
J'AI APPRIS PAR LA PRESSE QUE LA PROCHAINE MANIFESTATION À LAQUELLE LES DIRIGEANTS ASSISTERAIENT SE TIENDRAIT À MUNICH LES 8 ET 9 NOVEMBRE 1939, AU BÜRGERBRÄUKELLER, POUR LA COMMÉMORATION ANNUELLE DU PUTSCH RATÉ DE 1923.
J'AI PRIS LE TRAIN DE KÖNIGSBRONN À MUNICH POUR ASSISTER AU DÉROULEMENT DE LA RÉUNION.
TCHAC
ITL
AVANT MÊME DE SAVOIR PRÉCISÉMENT COMMENT JE RÉALISERAIS MON PLAN, J'AVAIS ACCUMULÉ UNE RÉSERVE D'EXPLOSIFS EN METTANT À PROFIT MON POSTE AU SERVICE DE MANUTENTION DE L'USINE POUR SUBTILISER JUSQU'À 250 PLAQUETTES DE POUDRE PRESSÉE.
JE ME SUIS DIT PEU À PEU QUE LA MEILLEURE SOLUTION ÉTAIT SANS DOUTE DE PLACER DES EXPLOSIFS DANS LA COLONNE SITUÉE DERRIÈRE LA TRIBUNE ET DE LES FAIRE SAUTER D'UNE MANIÈRE OU D'UNE AUTRE AU MOMENT VOULU.
TCHAC
TLE
DE RETOUR DE MON VOYAGE, J'AI REPRIS LE TRAVAIL À L'ARMATUREN-FABRIK.
3

EN MAI 1939, J'AI QUITTÉ MES PARENTS POUR ALLER M'INSTALLER À SCHNAITHEIM, CHEZ LA FAMILLE S., OÙ J'AI TOUT EMPORTÉ, MÊME MON ATELIER.
TCHAC
LER
J'AVAIS QUITTÉ L'ARMATUREN-FABRIK SUITE À UNE ALTERCATION QUE J'AVAIS EUE AVEC UN CONTREMAÎTRE QUI M'AVAIT INJURIÉ EN DES TERMES QUE JE NE VOULAIS PAS LAISSER PASSER, ET J'AI RECOMMENCÉ À TRAVAILLER DANS LA CARRIÈRE DE GEORG V.
JE SAVAIS QU'ON Y PROCÉDAIT À DES EXPLOSIONS, ET C'EST PARCE QUE JE PENSAIS POUVOIR M'Y PROCURER DE LA POUDRE QUE J'Y AI DEMANDÉ DU TRAVAIL.
TCHAC TCHAC
R U
J'AI DÉROBÉ DES EXPLOSIFS DÈS LA PREMIÈRE SEMAINE, QUE J'ENTREPOSAIS CHEZ MOI, DANS UNE CAISSE À DOUBLE FOND ; MAIS J'AI ATTENDU LE DERNIER MOMENT POUR VOLER LES DÉTONATEURS.
À LA MI-MAI 1939, J'AI EU UN ACCIDENT DU TRAVAIL, ET À PARTIR DE CE MOMENT-LÀ, JE ME SUIS CONSACRÉ EXCLUSIVEMENT À LA PRÉPARATION DE MON ATTENTAT.
JE DESSINAIS DE TRÈS NOMBREUSES ESQUISSES, ET J'AI CONSTRUIT LE TOUT PREMIER PROTOTYPE DE MA MACHINE INFERNALE DANS L'ATELIER PROVISOIRE QUE JE M'ÉTAIS INSTALLÉ CHEZ LES S.
LE PROBLÈME LE PLUS COMPLEXE QUI S'EST PRÉSENTÉ A ÉTÉ CELUI DE LA MISE AU POINT D'UN SYSTÈME PERMETTANT DE PROVOQUER LA DÉTONATION À UN MOMENT DÉTERMINÉ.
TCHAC
UM
JE N'AI PAS FABRIQUÉ L'ENGIN À SCHNAITHEIM POUR NE PAS COURIR LE RISQUE DE M'APERCEVOIR, UNE FOIS À MUNICH, QUE CERTAINES PIÈCES ÉTAIENT TROP GRANDES POUR ALLER OÙ JE VOULAIS LES METTRE.
JE SUIS PARTI À MUNICH LE 4 OU 5 AOÛT, EN EMPORTANT AVEC MOI TOUT CE QUI ME SEMBLAIT ENCORE NÉCESSAIRE À LA PRÉPARATION, VOIRE À L'EXÉCUTION, DE MON ACTE.
TCHAC
UMG
J'AI PRIS UNE CHAMBRE CHEZ LES B., DANS LA BLUMENSTRASSE, MAIS COMME LE LOYER ÉTAIT TROP ÉLEVÉ ET COMME JE NE POUVAIS PAS Y BRICOLER À MA GUISE, JE ME SUIS INSTALLÉ CHEZ L., DANS LA TÜRKENSTRASSE.
4

DÈS LE MOMENT OÙ J'AI DÉCIDÉ D'AGIR, EN 1938, JE SAVAIS QUE JE NE POURRAIS PAS RESTER EN ALLEMAGNE.
TCHAC
MGE
JE VOULAIS ATTEINDRE LA SUISSE, PARCE QUE C'EST LE PAYS LE PLUS PROCHE, POUR Y TRAVAILLER, COMME MENUISIER PAR EXEMPLE, AVANT QUE MES HORLOGES NE DÉCLENCHENT L'EXPLOSION.
J'AVAIS EN OUTRE L'INTENTION, DEPUIS LA SUISSE, DE DÉCRIRE MON ACTE À LA POLICE ALLEMANDE, DE LUI DÉCLARER QUE J'ÉTAIS SEUL RESPONSABLE DE L'ATTENTAT, QUE JE N'AVAIS NI COMPLICE NI ASSOCIÉ, AFIN D'ÉVITER QUE L'ON N'ARRÊTE UN INNOCENT À MA PLACE.
TCHAC
GEB
COMME LA SUISSE ÉTAIT SUSCEPTIBLE DE ME LIVRER À L'ALLEMAGNE, J'AVAIS L'INTENTION D'EMPORTER AVEC MOI DU MATÉRIEL QUI AURAIT PU ÊTRE UTILE AUX POSITIONS MILITAIRES HELVÉTIQUES.
J'AI DÛ ALLER ENTRE 30 ET 35 FOIS, DE NUIT, DANS LA GRANDE SALLE DU BÜRGERBRÄUKELLER, PENDANT TOUTE LA DURÉE DE MON SÉJOUR À MUNICH.
JE M'Y RENDAIS TOUJOURS ENTRE 20 ET 22 HEURES POUR DÎNER DANS LA PETITE SALLE, JE PAYAIS L'ADDITION ET PASSAIS PAR LE VESTIAIRE POUR GAGNER LA GRANDE SALLE QUI N'ÉTAIT JAMAIS FERMÉE À CLÉ, PUIS JE ME CACHAIS DANS UN CAGIBI JUSQU'À CE QU'ON VIENNE VERROUILLER LA PORTE.
DÈS QUE LA SALLE ÉTAIT FERMÉE, J'ALLAIS À LA COLONNE, OÙ J'AVAIS ENTREPRIS DE PLACER MA BOMBE, ET JE N'ARRÊTAIS DE TRAVAILLER QUE VERS 2 OU 3 HEURES, POUR RETOURNER ME CACHER DANS LE RÉDUIT JUSQU'À L'OUVERTURE DE LA SALLE, ENTRE 7 ET 8 HEURES DU MATIN.
TCHAC
EBR
J'AI D'ABORD RÉALISÉ UNE SORTE DE PORTE DANS LA COLONNE, QUE JE POUVAIS REFERMER POUR CACHER COMPLÈTEMENT MON ACTIVITÉ DANS LE CORPS DE CELLE-CI.
J'AI ENSUITE ENTREPRIS D'ENLEVER LES BRIQUES QUI GARNISSAIENT L'INTÉRIEUR DE LA COLONNE. À L'AIDE DE BURINS ET D'UN VILEBREQUIN, DONT J'AVAIS RECOUVERT L'EXTRÉMITÉ D'UN MORCEAU DE TISSU CAR, DE NUIT, LE MOINDRE SON RÉSONNAIT ASSEZ FORT DANS LA GRANDE SALLE VIDE.
TCHAC
BRA
JE RÉCUPÉRAIS LES GRAVATS, LA POUSSIÈRE ET LES PIERRES, QUE JE VIDAIS DANS UNE SERVIETTE DE TOILETTE, QUE JE VIDAIS ELLE-MÊME DANS UN CARTON DU CAGIBI, QUE J'ÉVACUAIS DISCRÈTEMENT DANS LA JOURNÉE, À L'AIDE D'UNE VALISE.

PARALLÈLEMENT, JE CONSACRAIS MES JOURNÉES AU MONTAGE ET À LA FABRICATION DÉFINITIVE ET EXACTE DE MA MACHINE.
TCHAC
BRAC
J'AI RÉALISÉ BEAUCOUP DE TRAVAUX DANS L'ATELIER DU MENUISIER B., ET QUAND IL ME DEMANDAIT À QUOI JE TRAVAILLAIS, OU POURQUOI J'AVAIS BESOIN DE TELLE OU TELLE CHOSE, JE RÉPONDAIS TOUJOURS QUE JE PRÉPARAIS UNE INVENTION.
C'EST LE SOIR DU 1ER OU DU 2 NOVEMBRE QUE J'AI PLACÉ MA MACHINE, ENFIN TERMINÉE, DANS LA COLONNE, APRÈS L'AVOIR APPORTÉE DANS UNE VALISE.
TCHAC
GEBRACH
À L'AIDE D'UNE ESPÈCE DE PINCE EN FORME DE CUILLÈRE, QUE J'AVAIS FABRIQUÉE SPÉCIALEMENT, J'AI RÉUSSI À REMPLIR TOUT L'ESPACE D'EXPLOSIFS, À L'EXCEPTION DE L'ENDROIT OÙ JE PRÉVOYAIS D'INSTALLER LES DEUX HORLOGES, CE QUE J'AI FAIT LE 5 NOVEMBRE.
LE LENDEMAIN, J'AI QUITTÉ MUNICH PAR UN OMNIBUS À DESTINATION D'ULM, OÙ J'AI ENSUITE PRIS UN EXPRESS, PUIS UNE CORRESPONDANCE JUSQU'À STUTTGART, OÙ J'AI LOGÉ CHEZ MA SŒUR, M.
LE 7 NOVEMBRE, JE SUIS RETOURNÉ À MUNICH POUR VÉRIFIER QUE L'HORLOGE NE S'ÉTAIT PAS ARRÊTÉE.
APRÈS AVOIR FAIT LES VÉRIFICATIONS ET PASSÉ UNE DERNIÈRE NUIT DANS MON RÉDUIT, J'AI ACHETÉ UN BILLET DE TROISIÈME CLASSE MUNICH-ULM-FRIEDRICHSHAFEN-CONSTANCE.
TCHAC
TCHAC
MGEBRACHT.
ARRIVÉ À CONSTANCE, J'AI VOULU FRANCHIR LA FRONTIÈRE ILLÉGALEMENT, ET C'EST APRÈS AVOIR PASSÉ LA GRILLE D'UN JARDIN QUE J'AI ÉTÉ INTERPELLÉ PAR UN GARDIEN, QUI M'A CONDUIT DANS UN BUREAU OÙ ON M'A ARRÊTÉ.
C'EST À CE MOMENT QUE J'AI APPRIS LA NOUVELLE ET QUE J'AI SU QUE MON PLAN AVAIT RÉUSSI.
ER UMGEBRACHT.
JE M'APPELLE GEORG ELSER, ET LE 8 NOVEMBRE 1939, J'AI TUÉ ADOLF HITLER.

ICH HABE ADOLF HITLER UMGEBRACHT.
N·S·D·A·P·

L'HIVER QUI SUIVIT LA MORT D'HITLER FUT LE PLUS FROID QU'AIT CONNU L'EUROPE DEPUIS BIEN LONGTEMPS.
TANDIS QUE L'ALLEMAGNE TOUT ENTIÈRE PLEURAIT SON BIEN-AIMÉ FÜHRER, LES SOLDATS FRANÇAIS ET ANGLAIS GELAIENT SUR PIED TOUT LE LONG DES FRONTIÈRES ALLEMANDE ET BELGE.
UN BALLET DE DIPLOMATES ALLAIT ET VENAIT ENTRE LONDRES ET PARIS ; ON PARLAIT DE TRACTATIONS SECRÈTES, D'ACCORD À VENIR... LA GUERRE, SOUHAITÉE PAR QUELQUES-UNS ET REDOUTÉE PAR LA PLUPART, ALLAIT-ELLE OU NON AVOIR LIEU ?
France-soir
L'EUROPE TOUT ENTIÈRE RETENAIT SON SOUFFLE.
MAIS AU PRINTEMPS 1940, LES ESPOIRS DE PAIX FURENT BRUTALEMENT ENTERRÉS PAR LE CHANCELIER GÖRING.
EN DONNANT SON FEU VERT AU « PLAN JAUNE », IL LANÇAIT L'OFFENSIVE DES ARMÉES DU REICH SUR LA HOLLANDE ET LA BELGIQUE.
LE PLAN ALLEMAND ÉTAIT SIMPLE : OBLIGER LES ALLIÉS À VENIR L'AFFRONTER EN BELGIQUE ET DANS LE NORD DE LA FRANCE, CONTOURNER LEUR ARMÉE PAR LE FRANCHISSEMENT ÉCLAIR DES ARDENNES, ET LES ENCERCLER AVANT DE LES REPOUSSER VERS LA MER.
Rotterdam
Essen
Düsseldorf
Köln
Bruxelles
Maastricht
Namur
Dinant
Mainz
Hirson
Sedan
Luxembourg
Verdun
Amiens
Noyon
Soissons
Paris
Chalons
Strasbourg
CETTE TACTIQUE, IMAGINÉE PAR LE GÉNÉRAL VON MANSTEIN, APPROUVÉE PAR FEU HITLER ET PLANIFIÉE TOUT AU LONG DE LA TRÊVE HIVERNALE, ÉTAIT CELLE DU « COUP DE FAUX ».
ET ELLE FAILLIT BIEN RÉUSSIR, SI UN PARAMÈTRE, SUR LEQUEL AUCUN DES BELLIGÉRANTS N'AVAIT DE PRISE, N'ÉTAIT PAS VENU S'EN MÊLER : LE CIEL.
ET PLUS EXACTEMENT LA PLUIE.

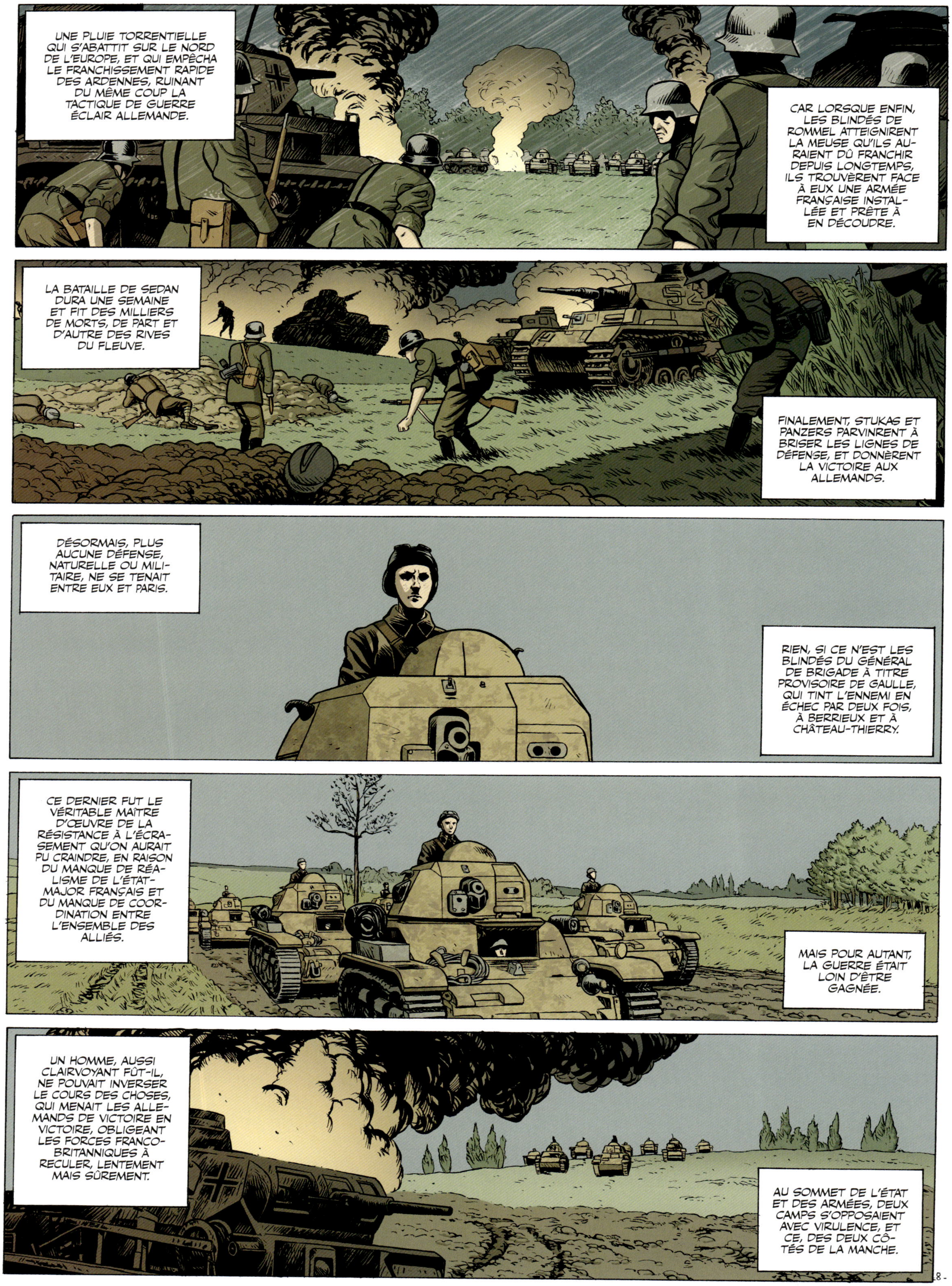
UNE PLUIE TORRENTIELLE QUI S'ABATTIT SUR LE NORD DE L'EUROPE, ET QUI EMPÊCHA LE FRANCHISSEMENT RAPIDE DES ARDENNES, RUINANT DU MÊME COUP LA TACTIQUE DE GUERRE ÉCLAIR ALLEMANDE.
CAR LORSQUE ENFIN, LES BLINDÉS DE ROMMEL ATTEIGNIRENT LA MEUSE QU'ILS AURAIENT DÛ FRANCHIR DEPUIS LONGTEMPS, ILS TROUVÈRENT FACE À EUX UNE ARMÉE FRANÇAISE INSTALLÉE ET PRÊTE À EN DÉCOUDRE.
LA BATAILLE DE SEDAN DURA UNE SEMAINE ET FIT DES MILLIERS DE MORTS, DE PART ET D'AUTRE DES RIVES DU FLEUVE.
FINALEMENT, STUKAS ET PANZERS PARVINRENT À BRISER LES LIGNES DE DÉFENSE, ET DONNÈRENT LA VICTOIRE AUX ALLEMANDS.
DÉSORMAIS, PLUS AUCUNE DÉFENSE, NATURELLE OU MILITAIRE, NE SE TENAIT ENTRE EUX ET PARIS.
RIEN, SI CE N'EST LES BLINDÉS DU GÉNÉRAL DE BRIGADE À TITRE PROVISOIRE DE GAULLE, QUI TINT L'ENNEMI EN ÉCHEC PAR DEUX FOIS, À BERRIEUX ET À CHÂTEAU-THIERRY.
CE DERNIER FUT LE VÉRITABLE MAÎTRE D'ŒUVRE DE LA RÉSISTANCE À L'ÉCRASEMENT QU'ON AURAIT PU CRAINDRE, EN RAISON DU MANQUE DE RÉALISME DE L'ÉTAT-MAJOR FRANÇAIS ET DU MANQUE DE COORDINATION ENTRE L'ENSEMBLE DES ALLIÉS.
MAIS POUR AUTANT, LA GUERRE ÉTAIT LOIN D'ÊTRE GAGNÉE.
UN HOMME, AUSSI CLAIRVOYANT FÛT-IL, NE POUVAIT INVERSER LE COURS DES CHOSES, QUI MENAIT LES ALLEMANDS DE VICTOIRE EN VICTOIRE, OBLIGEANT LES FORCES FRANCO-BRITANNIQUES À RECULER, LENTEMENT MAIS SÛREMENT.
AU SOMMET DE L'ÉTAT ET DES ARMÉES, DEUX CAMPS S'OPPOSAIENT AVEC VIRULENCE, ET CE, DES DEUX CÔTÉS DE LA MANCHE.

CELUI DES "PACIFISTES" AVEC À SA TÊTE LE MARÉCHAL PÉTAIN, LA FEMME DU PRÉSIDENT DU CONSEIL, HÉLÈNE DE PORTES, ET À LONDRES, LORD HALIFAX ET NEVILLE CHAMBERLAIN.
ET CELUI DES "INTRAITABLES", MENÉ PAR LE MINISTRE DE L'INTÉRIEUR GEORGES MANDEL, LES GÉNÉRAUX BILLOTTE, GIRAUD, BLANCHARD ET DE GAULLE POUR LA FRANCE, ET PAR ANTHONY EDEN, WINSTON CHURCHILL ET LORD GORT POUR LE ROYAUME-UNI.
IL N'Y A QU'UNE RÉPONSE À LA DÉFAITE, ET C'EST LA VICTOIRE.
DÉFAITE ? QUI PARLE DE DÉFAITE ?
AMIS FRANÇAIS, REGARDONS, SI VOUS LE VOULEZ BIEN, LA RÉALITÉ EN FACE. NOUS N'AVONS BIEN SÛR PAS PERDU LA GUERRE, MAIS TOUT DE MÊME... LES ALLEMANDS SONT AUX PORTES DE PARIS.
NOUS N'AVONS PEUT-ÊTRE PAS OBTENU TOUT LE SOUTIEN QUE NOUS ÉTIONS EN DROIT D'ATTENDRE... CERTAINS SEMBLENT SE CONTENTER DU MINIMUM, CAR CE N'EST PAS LEUR TERRE QUI EST ENVAHIE ET SAIGNÉE À BLANC.
IL EST FACILE D'ACCUSER SES ALLIÉS... NOUS, AU MOINS, N'ÉTIONS PAS AU THÉÂTRE QUAND LES ALLEMANDS SONT ENTRÉS EN HOLLANDE.
CE QUI SIGNIFIE ?
ALLONS, ALLONS, MESSIEURS. NOUS SOMMES ICI POUR ARRÊTER UNE STRATÉGIE DE CONTRE-OFFENSIVE, ET NON POUR NOUS DÉCHIRER.
OU ALORS NOUS N'AVONS PLUS QU'À DÉPOSER LES ARMES ET NOUS RENDRE AUX ALLEMANDS.
LORD GORT ? VOUS DEVIEZ NOUS ENTRETENIR D'UN PLAN DE BATAILLE DONT ON M'A DIT LE PLUS GRAND BIEN. QU'EN EST-IL EXACTEMENT ?
OUI. BIEN SÛR.
LONDRES
ROTTERDAM
ESSEN
DORTMUND
PLYMOUTH
WIGHT
LILLE
BELGIQUE
BRUXELLES
LIÈGE
BONN
MANCHE
LE HAVRE
AMIENS
KOBLENZ
CAEN
ROUEN
BREST
NANCY
PARIS
RENNES
STRASBOURG
LORIENT
ORLÉANS
NANTES
MULHOUSE
DIJON
FRANCE
LAUSANNE
GENÈVE
BORDEAUX
MONTPELLIER
LA SITUATION EST ASSEZ SIMPLE. EN GRIS SE TROUVE LA ZONE ENVAHIE PAR LES ALLEMANDS.
LEURS TROUPES SONT RÉPARTIES LE LONG DE CETTE LIGNE DE FRONT, AVEC UNE CONCENTRATION DES DIVISIONS D'ÉLITE LE LONG DE CETTE LIGNE, ENTRE ROUEN ET REIMS.
BRUXELLES
LIÈGE
LE HAVRE
AMIENS
LUXEMBOURG
CAEN
ROUEN
PARIS
ORLÉANS
LE MANS
COMME PERSONNE NE L'IGNORE ICI, NOUS N'AVONS PLUS LA MOINDRE DÉFENSE NATURELLE SUR LAQUELLE NOUS APPUYER POUR LES ARRÊTER.
SI NOUS NE PARVENONS PAS À LES FAIRE RECULER D'ICI L'ÉTÉ... NOUS SOMMES EN GRAND DANGER DE VOIR UNE BONNE PARTIE DU PAYS ENVAHIE AVANT LA TRÊVE HIVERNALE.
PARIS
NOTRE IDÉE EST D'UTILISER LE SEUL APPÂT DONT NOUS DISPOSONS... PARIS.

9

AU MOMENT OÙ NOUS PARLONS, LA VILLE EST QUASIMENT ENTIÈREMENT ÉVACUÉE.
LES ALLEMANDS S'ATTENDENT À CE QUE NOUS ADOSSIONS NOS DÉFENSES AUX PORTES NORD DE LA VILLE ET QUE NOUS NOUS BATTIONS BEC ET ONGLES POUR ÉVITER QU'ILS N'ENTRENT DANS PARIS.
NOUS PROPOSONS DE FAIRE TOUT L'INVERSE. MASSER NOS DÉFENSES AU SUD ET ATTENDRE.
PARIS
ATTENDRE QU'ILS ENTRENT DANS PARIS, LES CONTOURNER PAR L'EST ET L'OUEST, ET COUPER LEUR ARMÉE EN DEUX.
ROUEN
PARIS
ORLÉANS
MANS
PUIS LANCER L'ENSEMBLE DE NOTRE FORCE AÉRIENNE SUR LA PARTIE NORD DE LEUR ARMÉE AFIN DE L'OBLIGER À RECULER.
ET COMBATTRE LA POCHE QUI AURA ÉTÉ ENCERCLÉE, JUSQU'À REDDITION OU ANÉANTISSEMENT.
DIJON
LAUSANNE
GENÈVE
C'EST DE LA FOLIE PURE !!
EST-CE QUE VOUS ACCEPTERIEZ DE FAIRE DE MÊME AVEC VOTRE LONDRES CHÉRI ?!
À LA GUERRE, L'AUDACE EST LE PLUS BEAU CALCUL DU GÉNIE !!
SHAKESPEARE ?
NON... BONAPARTE.
VOUS NE POUVEZ PAS SÉRIEUSEMENT NOUS DEMANDER DE SACRIFIER NOTRE CAPITALE POUR UN PLAN TOTALEMENT FANTAISISTE... OU ALORS VOUS ÊTES COMPLÈTEMENT IRRESPONSABLE !!
JE PRÉFÈRE ÊTRE IRRESPONSABLE ET DANS LE VRAI QUE RESPONSABLE ET DANS L'ERREUR. ET NOUS NE SACRIFIONS RIEN DU TOUT. PARIS EST L'APPÂT, RIEN DE PLUS...
MAIS RIEN DE MOINS. ET LA FICELLE EST UN PEU GROSSE. LES ALLEMANDS NE SONT PAS IDIOTS. ILS COMPRENDRONT LA MANŒUVRE.
PEUT-ÊTRE... MAIS ILS MARCHERONT TOUT DE MÊME.
L'ALLEMAND EST ORGUEILLEUX ET SES RÉCENTES VICTOIRES L'AVEUGLENT. PRENDRE PARIS... C'EST PROUVER AU MONDE ENTIER QU'ON TIENT L'EUROPE À SA BOTTE.
POUR LE MONDE ENTIER, PARIS ET SA TOUR EIFFEL SONT COMME L'ASTRE QUI GUIDE LE MONDE OCCIDENTAL, COMME UN PHARE DE LUMIÈRE ET D'ESPOIR DANS LES TÉNÈBRES DU...
N'ESSAYEZ PAS DE NOYER LE POISSON, JE VOUS PRIE. ET GARDEZ LES ENVOLÉES LYRIQUES POUR LE DESSERT...
NOUS SOMMES ANGLAIS, NOUS NE MANGEONS PAS DE POISSON.

10-

MAIS L'ALLEMAND, LUI, VOUDRA MANGER PARIS. C'EST COMME UNE FRIANDISE PLACÉE DEVANT UN ENFANT, À PORTÉE DE MAIN. IL SAIT QU'IL RISQUE LA PUNITION, ET POURTANT...
AMIENS
OUEN
PARIS
... LA TENTATION EST TROP FORTE.
SI NOUS PARVENONS À TROMPER LE RENSEIGNEMENT ALLEMAND ET À CAMOUFLER LA DISPOSITION EXACTE DE NOS TROUPES, JAMAIS ILS NE SUSPECTERONT QUE NOUS VOULONS LEUR APPLIQUER LA STRATÉGIE PAR LAQUELLE ILS ONT TENTÉ DE NOUS ÉCRASER EN BELGIQUE.
CETTE FOIS, C'EST NOUS QUI SOMMES LA FAUX...
... ET C'EST VOUS QUI TENEZ LE MANCHE.
MMM... ET SI ÇA NE MARCHE PAS ?
SI NOUS PERDONS PARIS NOUS PERDONS TOUT.
SI NOUS NE TENTONS RIEN, NOUS LA PERDRONS DE TOUTE FAÇON. VOUS AVEZ VU À QUELLE VITESSE LA WEHRMACHT EST ARRIVÉE JUSQU'ICI ? À CE TRAIN, ILS SERONT SUR LA PROMENADE DES ANGLAIS AVANT LA FIN DE L'ÉTÉ.
NOUS DEVONS TENTER QUELQUE CHOSE. FRAPPER FORT. BRISER LEUR AVANCE UNE BONNE FOIS POUR TOUTES.
FRANCE
DE GAULLE ? VOUS NE DITES RIEN ?
RIEN NE REHAUSSE L'AUTORITÉ MIEUX QUE LE SILENCE, SPLENDEUR DES FORTS ET REFUGE DES FAIBLES.
CÉSAR ?
NON. DE GAULLE.
DE MIEUX EN MIEUX.
QU'EST-CE QUE VOUS PENSEZ DE CE PLAN ?
CE QUE J'EN PENSE ?
LA RUSE DOIT ÊTRE EMPLOYÉE POUR FAIRE CROIRE QUE L'ON EST OÙ L'ON N'EST PAS, QUE L'ON VEUT CE QU'ON NE VEUT PAS.
SI NOUS PARVENONS À FAIRE CROIRE À L'ENNEMI QUE NOUS ABANDONNONS BEL ET BIEN LA CAPITALE POUR ÉTABLIR UNE LIGNE DE FORCE PLUS AU SUD ; ET SI NOUS PARVENONS ÉGALEMENT À LUI DISSIMULER LA VALEUR RÉELLE ET L'EMPLACEMENT DE NOS FORCES COMBATTANTES, CE QUI, J'EN CONVIENS, CONSTITUE À L'ÉVIDENCE UN VASTE PROGRAMME...
... ALORS, OUI, CE PLAN EST BON.

MA CHÈRE ANGÈLE,
IL EN AURA FALLU, DU TEMPS, AVANT QU'ENFIN JE TROUVE LE TEMPS DE VOUS ÉCRIRE.
IL FAUT DIRE QUE DEPUIS DIX JOURS QUE J'AI REJOINT MA COMPAGNIE, NOUS N'AVONS FAIT QUE NOUS DÉPLACER, NE DORMANT JAMAIS DEUX FOIS AU MÊME ENDROIT, ET PARFOIS MÊME NE DORMANT PAS DU TOUT.
JE M'EN VOUDRAIS BEAUCOUP DE PARAÎTRE ÉGOCENTRIQUE, MAIS COMME C'EST CE SUR QUOI VOUS M'AVEZ INTERROGÉ LE PLUS, DANS LES NOMBREUSES LETTRES QUI ME SONT PARVENUES HIER, SACHEZ QUE JE VAIS BIEN.
JE SUIS VERMOULU, FATIGUÉ, COURBATURÉ ; MES PIEDS, MES PAUVRES ET PRÉCIEUX PIEDS, SONT BIEN ABÎMÉS PAR TOUTES CES MARCHES FORCÉES, MAIS JE SUIS ENCORE, ET POUR LONGTEMPS, J'OSE L'ESPÉRER, EN UN SEUL MORCEAU.
DEPUIS MON ARRIVÉE, NOUS N'AVONS FAIT QUE RECULER ET BATTRE EN RETRAITE, MAIS TOUJOURS À DISTANCE DU FRONT, CE QUI FAIT QU'EN GUISE DE GUERRE, JE N'AI POUR L'INSTANT CONNU QUE LE BRUIT LOINTAIN DES CANONS ET LES RARES DUELS AÉRIENS QUI SE SONT DÉROULÉS SOUS NOS YEUX.
VOILÀ POUR CE SUJET.
AUSSI ÉTONNANT QUE ÇA PUISSE PARAÎTRE, JE VOUS ÉCRIS DEPUIS PARIS.
OUI, PARIS, ET POUR ÊTRE PLUS PRÉCIS, DEPUIS UNE ÉCOLE DU HUITIÈME ARRONDISSEMENT, DANS LAQUELLE NOUS AVONS ÉTABLI UN DES NOMBREUX POSTES AVANCÉS DÉSORMAIS DISSÉMINÉS DANS LA CAPITALE.
POUR CHACUN, CE FUT UN SOULAGEMENT INTENSE QUE D'APPRENDRE QUE NOUS ALLIONS ENFIN POUVOIR PASSER PLUSIEURS NUITS AU MÊME ENDROIT, NOUS LAVER, PANSER NOS PLAIES ET PRENDRE UN REPOS PLUS QUE MÉRITÉ.
JE N'AI PAS HONTE DE VOUS AVOUER QUE LES DEUX DERNIERS JOURS DE MARCHE ONT ÉTÉ SI DIFFICILES QUE NON SEULEMENT J'AI CRU PLUSIEURS FOIS PERDRE COURAGE...
... MAIS ÉGALEMENT QUE LES OFFICIERS ALLAIENT PERDRE LE CONTRÔLE D'UNE TROUPE QUI NE VOULAIT PLUS OBÉIR.

MAIS AVANT DE VOUS EN DIRE PLUS, JE DOIS VOUS PARLER DES HOMMES QU'ON A PLACÉS SOUS MES ORDRES.
LE PREMIER, PAR LA STATURE COMME PAR LA « PRÉSENCE », POUR DIRE LES CHOSES PUDIQUEMENT, EST UN CERTAIN LEULEU. NE ME DEMANDEZ PAS SON NOM, JE L'IGNORE, CAR IL REFUSE D'ÊTRE APPELÉ AUTREMENT QUE PAR CE SURNOM.
GRAND, COSTAUD, TOUJOURS SOURIANT ET TOUJOURS PARTANT, LEULEU EST UN PHÉNOMÈNE, UN « FORT EN GUEULE », COMME ON DIT.
JE ME SUIS VITE RENDU COMPTE QUE C'ÉTAIT AUSSI UN HOMME D'UN GENRE PRÉCIEUX, POUR PEU QU'ON SACHE LE MANŒUVRER ; UN HOMME QUI EN VAUT LARGEMENT DEUX, VOIRE TROIS, EN CAS DE COUP DUR.
PARTOUT OÙ VA LEULEU, ON EST SÛR DE TROUVER HENRY. ALCIDE HENRY EST AUSSI MUET QUE LEULEU EST BAVARD, AUSSI TRISTE QUE L'AUTRE EST GAI, AUSSI PETIT QUE L'AUTRE EST GRAND, ETC.
D'APRÈS CE QUE J'AI PU COMPRENDRE, IL A CESSÉ DE PARLER SUITE À UN BOMBARDEMENT SURVENU, IL Y A UN MOIS ET QUELQUES, SUR LA LIGNE DE FRONT.
DEPUIS LORS, PLUS UN MOT, PLUS UN SON, PLUS RIEN N'EST SORTI DE SA BOUCHE.
JACQUES LEFORT EST UN MÉLOMANE... J'AURAIS PRESQUE ENVIE DE DIRE « UN MÉLOMANE DE LA PIRE ESPÈCE » CAR DU MATIN AU SOIR, IL NE FAIT QUE CHANTER.
MAURICE CHEVALIER, FERNANDEL, TINO ROSSI, GEORGIUS, RAYMOND LEGRAND, RAY VENTURA OU MÊME ÉDITH PIAF, IL CONNAÎT TOUT. C'EST BIEN SIMPLE, C'EST UN POSTE DE TSF À LUI TOUT SEUL !!
COMME ILS VIENNENT DE PASSER DEVANT MOI, JE CONTINUE AVEC LES FRÈRES MOUSTACHE.
LES « FRÈRES MOUSTACHE », GUSTAVE ET PIERRE ROY, SONT TOUS LES DEUX PLOMBIERS-ZINGUEURS. ILS SE RESSEMBLENT COMME DEUX GOUTTES D'EAU, À L'EXCEPTION DE L'ÉPAISSE MOUSTACHE À LAQUELLE ILS DOIVENT LEUR SURNOM...
... DONT L'UN A LES POINTES RELEVÉES ET L'AUTRE LES POINTES TOMBANTES. COMME ILS SONT, SI ON EN CROIT CE QU'ILS AIMENT À RACONTER, D'ORIGINE ÉCOSSAISE, ILS ONT TRÈS RAPIDEMENT ÉTÉ REBAPTISÉS MOUSTACHE UP ET MOUSTACHE DOWN...
13

MARCEL CRUVELIER EST NOTRE RÂLEUR DE SERVICE. AVEC LUI, RIEN NE VA.
LA SOUPE EST TROP CHAUDE OU BIEN TROP FROIDE, LE CAFÉ TROP SUCRÉ OU BIEN PAS ASSEZ, LE SOLEIL TROP CHAUD, LA PLUIE TROP MOUILLÉE, LA TERRE TROP BASSE, ETC.
ENFIN, NOUS AVONS PARMI NOUS UN HOMME ÉTONNANT NOMMÉ JEAN-PIERRE ELIANI, UN BOUCHER CHARCUTIER AU PHYSIQUE DE FORT DES HALLES DONT LA SPÉCIALITÉ EST... LA POÉSIE.
OUI, CET HOMME À LA CONSTITUTION HORS DU COMMUN ÉCRIT DES POÈMES, ET DEPUIS QU'ILS L'ONT DÉCOUVERT, LE RESTE DES HOMMES DE TROUPE PASSE SON TEMPS À LE MOQUER, ET L'APPELLE DANS SON DOS LE « VERLAINE DES ÉTALS ».
COMME VOUS POUVEZ LE CONSTATER, CETTE FINE ÉQUIPE N'EST PAS AU COMPLET, IL LUI MANQUE UN CAPORAL ET DEUX HOMMES DE TROUPE, DONT ON NOUS ASSURE CHAQUE JOUR QU'ILS VONT NOUS ÊTRE ENVOYÉS.
MAIS IL Y A BIEN LONGTEMPS QUE PLUS PERSONNE NE...
AHEM...
EXCUSEZ-MOI... VOUS ÊTES BIEN LE SERGENT MEUNIER, DE LA TRENTE-SIXIÈME COMPAGNIE ?
LUI-MÊME.
SOLDATS DEUXIÈME CLASSE JEAN CHABINOT ET ANTOINE GERBIER.
VOUS NE POUVEZ PAS SAVOIR, SERGENT, COMME ON EST CONTENTS DE VOUS TROUVER.
ET NOUS DE VOUS ACCUEILLIR. VENEZ AVEC MOI, IL FAUT QUE J'AILLE INFORMER LE LIEUTENANT.

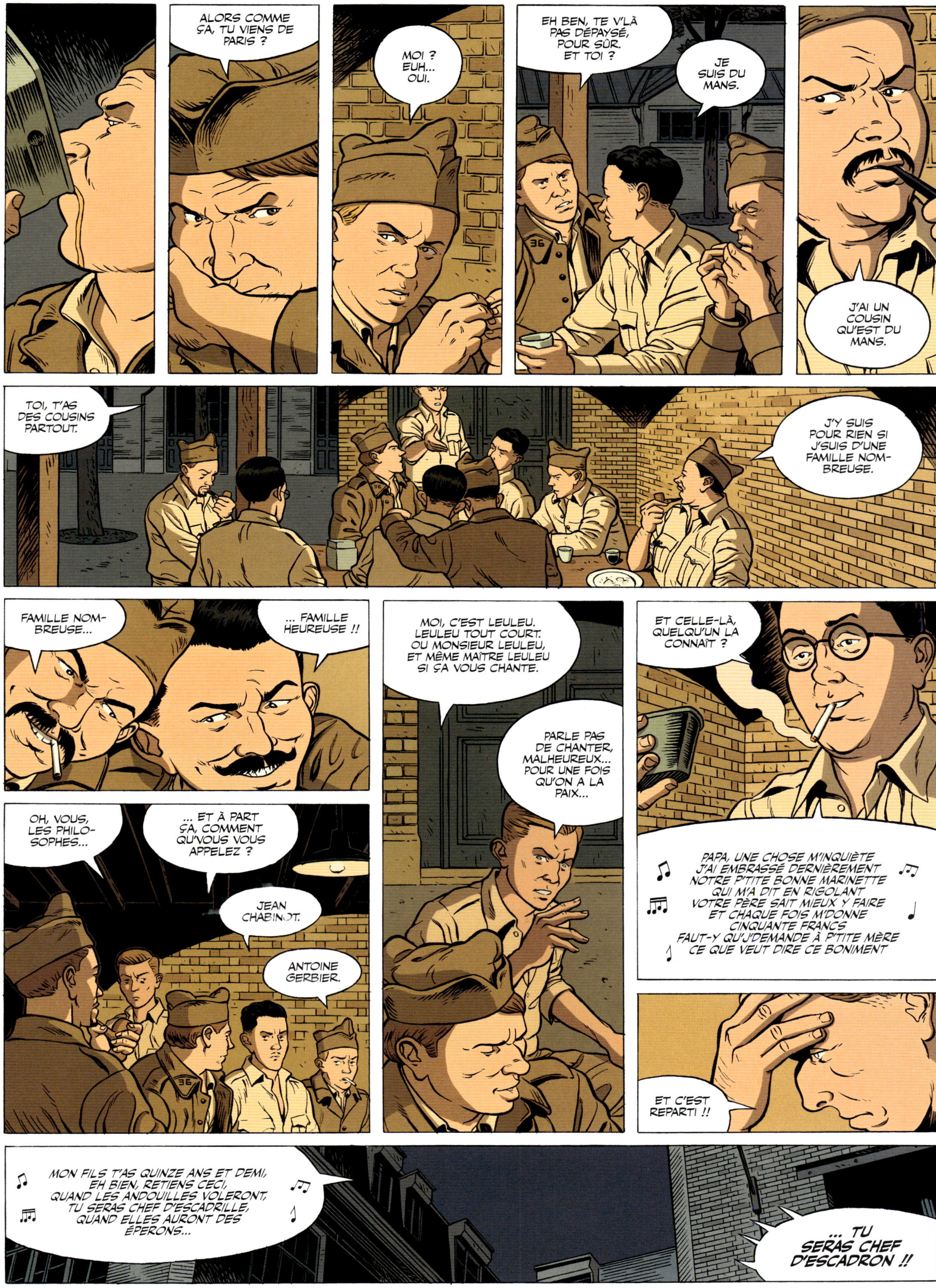
ALORS COMME ÇA, TU VIENS DE PARIS ?
MOI ? EUH... OUI.
EH BEN, TE V'LÀ PAS DÉPAYSÉ, POUR SÛR. ET TOI ?
JE SUIS DU MANS.
J'AI UN COUSIN QU'EST DU MANS.
TOI, T'AS DES COUSINS PARTOUT.
J'Y SUIS POUR RIEN SI J'SUIS D'UNE FAMILLE NOMBREUSE.
FAMILLE NOMBREUSE...
... FAMILLE HEUREUSE !!
MOI, C'EST LEULEU. LEULEU TOUT COURT. OU MONSIEUR LEULEU, ET MÊME MAÎTRE LEULEU SI ÇA VOUS CHANTE.
PARLE PAS DE CHANTER, MALHEUREUX... POUR UNE FOIS QU'ON A LA PAIX...
ET CELLE-LÀ, QUELQU'UN LA CONNAÎT ?
PAPA, UNE CHOSE M'INQUIÈTE J'AI EMBRASSÉ DERNIÈREMENT NOTRE P'TITE BONNE MARINETTE QUI M'A DIT EN RIGOLANT VOTRE PÈRE SAIT MIEUX Y FAIRE ET CHAQUE FOIS M'DONNE CINQUANTE FRANCS FAUT-Y QU'J'DEMANDE À P'TITE MÈRE CE QUE VEUT DIRE CE BONIMENT
OH, VOUS, LES PHILOSOPHES...
... ET À PART ÇA, COMMENT QU'VOUS VOUS APPELEZ ?
JEAN CHABINOT.
ANTOINE GERBIER.
ET C'EST REPARTI !!
MON FILS T'AS QUINZE ANS ET DEMI, EH BIEN, RETIENS CECI, QUAND LES ANDOUILLES VOLERONT, TU SERAS CHEF D'ESCADRILLE, QUAND ELLES AURONT DES ÉPERONS...
... TU SERAS CHEF D'ESCADRON !!

15-

FRANCHEMENT, QUAND ON A SU QUE C'ÉTAIT À PARIS QU'ON TROUVERAIT NOTRE COMPAGNIE, ON EN EST RESTÉS COMME DEUX RONDS DE FLAN, PAS VRAI, GERBIER ?
SÛR...
NON MAIS SANS BLAGUE, QU'EST-CE QU'ON FAIT LÀ ? AU BEAU MILIEU DE LA CAPITALE ? AVEC NOTRE CASQUE ET NOT' FUSIL ?
COMME SI ON EN SAVAIT QUELQUE CHOSE...
ON EST LA TROUPE, MON VIEUX. ON NOUS DIT RIEN, ON NOUS EXPLIQUE RIEN, ON NOUS ENVOIE À DROITE, À GAUCHE, AU MILIEU... ON NOUS DIT « AVANCEZ », ON NOUS DIT « RECULEZ »...
ON NOUS DIT : « BUVEZ !! »
À LA SOUPE, ON A CROISÉ DES GARS DE LA NEUVIÈME. ILS DISENT QUE LES ALLEMANDS VEULENT PRENDRE LA VILLE EN ENVOYANT LES PARACHUTISTES... ET DE NUIT, ENCORE...
BIEN SÛR... LES PARACHUTISTES... DEPUIS LE DÉBUT DE LA GUERRE, TOUT LE MONDE PARLE QUE DE ÇA... LES PARACHUTISTES PAR-CI, LES PARACHUTISTES PAR-LÀ...
SAUF QUE POUR L'INSTANT, TOUT CE QU'ON A VU TOMBER DU CIEL, C'EST DE LA PLUIE ET DES OBUS.
ET FAUDRAIT QU'ON CONTINUE À SE DÉVISSER LES VERTÈBRES POUR SURVEILLER SI DES FOIS ON NOUS ENVERRAIT PAS DES FRIDOLINS VOLANTS ?
BOUM !!
AH !!
HA HA HA HA HA !!
T'AURAIS VU TA TÊTE !!
OH L'AHURI, COMMENT QU'IL M'A FAIT PEUR...
HA HA HA !!
RENDS-TOI, ESPÈCE DE SALE FRANÇAIS, OU TOI KAPUT !!
MESSIEURS...
... JE SUIS DÉSOLÉ DE REFROIDIR L'AMBIANCE D'UNE AUSSI JOYEUSE RÉUNION, MAIS JE VAIS VOUS DEMANDER DE REPRENDRE VOS POSTES CONFORMÉMENT AU RÈGLEMENT, CAR SI LE CAPITAINE PASSE DANS LE COIN...
... C'EST MOI QUI SUIS KAPUT...
16-

ON S'EST IMPROVISÉ UNE SORTE DE CHAMBRÉE, AVEC LES MOYENS DU BORD...
CES MATELAS... C'EST...?
RÉQUISITION, MON P'TIT POTE...
VOUS VOULEZ DIRE QUE...
T'AS ENVIE DE DORMIR À LA DURE ? TU PEUX SI ÇA TE CHANTE...
NON, C'EST PAS ÇA, MAIS...
FAUT COMPRENDRE, L'AMI... NOUS AUTRES, ON A DORMI DANS DES ENDROITS, T'AS MÊME PAS IDÉE...
DANS LA PAILLE, SUR LA TERRE BATTUE QUAND LES FERMIERS VOULAIENT PAS NOUS DONNER DE PAILLE, DANS LA BOUE, DANS LA NEIGE ET MÊME DEUX OU TROIS FOIS DIRECTEMENT DANS LE FOSSÉ, AVEC LE BARDA SUR LE DOS...
TE CASSE PAS LA BINETTE. Y PEUT PAS COMPRENDRE. PENDANT QU'ON ÉTAIT EN TRAIN DE SE FAIRE DÉROUILLER PAR LES CHLEUS, JE TE PARIE QU'IL ÉTAIT BIEN PEINARD, AU CHAUD, AVEC SA POULE...
DE QUOI ?! JE TE PERMETS PAS DE...
LAISSE TOMBER.
CRUVELIER ABOIE BEAUCOUP, MAIS IL MORD PAS.
FAUT PAS TROP LUI EN VOULOIR, C'EST PAR OÙ ON A PASSÉ QUI L'A MIS COMME IL EST MAINTENANT.
FAUT DIRE QU'ON EN A VU DES VERTES ET DES PAS MÛRES... ET QU'ON A PERDU PAS MAL DE COPAINS...
T'Y ES POUR RIEN, BIEN SÛR... MAIS Y A DE QUOI L'AVOIR UN PEU MAUVAISE...

BRAOUM
MAIS QU'EST-CE QU'ILS FOUTENT, NOS ARTILLEURS ?!
ILS ROUPILLENT OU QUOI ?!
ET ÇA RECOMMENCE !!
AH, LES FUMIERS!... ILS POUVAIENT PAS ATTENDRE QU'ON AIT MANGÉ LA SOUPE, NON ?!
uuuuuuuuuulllSS
PUTAIN, CELUI-LÀ, IL EST POUR NOUS !!
À TERRE !!
BRAOUM

AH LA VACHE !! IL EST PAS PASSÉ LOIN !!
BON, TU PEUX ME LÂCHER, MAINTENANT.
PIERRE ?! TU M'ENTENDS ?!
PIERRE ?!
MESSIEURS... EXTINCTION DES FEUX.
JE RAPPELLE QUE LE DEUXIÈME TOUR DE GARDE EST À 4 HEURES.
À DEMAIN.
À D'MAIN, SERGENT.
SI J'AJOUTE LES DEUX NOUVEAUX, QUI SONT ARRIVÉS ALORS MÊME QUE J'ÉTAIS OCCUPÉ À VOUS ÉCRIRE, NOUS SOMMES DÉSORMAIS PRESQUE AU COMPLET.
CE SONT TOUS, POUR CE QUE J'AI PU EN JUGER, DE BONS FRANÇAIS, ET DE BONS SOLDATS.
BIEN SÛR, ILS N'AIMENT RIEN TANT QUE BOIRE UN BON COUP, RIGOLER ENTRE COPAINS ET TIRER AU FLANC DÈS QUE L'OCCASION SE PRÉSENTE, MAIS ILS M'ONT L'AIR DROITS, FIABLES ET SANS MALICE.
J'AI L'IMPRESSION QU'ILS M'APPRÉCIENT ET ME RESPECTENT, MALGRÉ TOUT.
MALGRÉ MON ABSENCE, À LEURS CÔTÉS, QUAND ILS SE SONT BATTUS ET QU'ILS ONT VU LEURS CAMARADES MOURIR.
CE N'EST PAS LE REPROCHE SILENCIEUX QUE JE CRAIGNAIS... MAIS TOUT DE MÊME, IL Y A COMME UN VIDE, UNE BARRIÈRE ENTRE EUX ET MOI, QUE J'ESPÈRE POUVOIR COMBLER RAPIDEMENT.
J'ARRÊTE LÀ POUR AUJOURD'HUI, CAR IL EST TEMPS POUR MOI DE PRENDRE DU REPOS.
CES JOURS SONT CALMES, MAIS QUI SAIT CE QUI NOUS ATTEND CETTE NUIT OU BIEN DEMAIN ?

HÉ, LE NOUVEAU !!
POURQUOI QU'TU MARCHES SUR LE TROTTOIR ? TU RISQUES PAS DE TE FAIRE RENVERSER.
AH, EUH... OUI, C'EST VRAI. C'EST L'HABITUDE, J'IMAGINE.
NOUS SEMONS NOS PENSÉES, ET NOUS RÉCOLTONS NOS ACTIONS ; NOUS SEMONS NOS ACTIONS, ET NOUS RÉCOLTONS NOS HABITUDES ; NOUS SEMONS NOS HABITUDES, ET NOUS RÉCOLTONS NOS CARACTÈRES ; NOUS SEMONS NOS CARACTÈRES, ET NOUS RÉCOLTONS NOTRE DESTIN.
LE V'LÀ QUI RECOMMENCE... FAUT PAS FAIRE ATTENTION, IL PARLE TOUJOURS COMME ÇA...
CE N'EST PAS DE MOI, MAIS DE DESIDERIUS ERASMUS ROTERODAMUS.
ET MON PIED AU CUS ? TU LE VEUX MAINTENANT OU APRÈS TON DÉJEUNUS ?
PHILISTIN !!
ET DES INSULTES, EN PLUS ?! TOI, TU VAS VOIR DE QUEL BOIS J'ME...
ÇA SUFFIT !!
CE N'EST PARCE QUE NOUS AVONS PRIS NOS QUARTIERS DANS UNE ÉCOLE QU'IL FAUT RETOMBER EN ENFANCE...
QU'EST-CE QUE TU REGARDES ?
BEN ÇA... C'EST...
OUAIS... ET ENCORE, T'AS PAS VU LES RÉGIONS OÙ CE QU'ON S'EST BATTUS, LÀ-BAS, DANS L'EST... TOUTES LES MAISONS AVAIENT ÉTÉ PILLÉES, IL RESTAIT RIEN DEBOUT, À PART LES MURS ET UNE OU DEUX PHOTOS ACCROCHÉES DESSUS...
C'EST LA GUERRE, MON VIEUX ...

CHEF !! ON VA OÙ, COMME ÇA ? FAIT RUDEMENT CHAUD, QUAND MÊME...
TAIS-TOI ET MARCHE !!
OPTIQUE
VINS CAFÉ LIQUEURS
IL EST DÉJÀ ONZE HEURES, ON DEVRAIT PAS PENSER À FAIRE DEMI-TOUR ?
ON A L'ORDRE DE PATROUILLER DE DIX HEURES À MIDI. J'AI UN SECTEUR LIMITÉ MAIS PAS D'ITINÉRAIRE PRÉCIS.
LEULEU, NE POUSSEZ PAS LE BOUCHON, S'IL VOUS PLAÎT.
DE TOUTE FAÇON, ON PEUT RENTRER AU POSTE AVANCÉ EN MOINS DE VINGT MINUTES. IL SUFFIT DE COUPER PAR LA RUE DE BERRI PUIS LA RUE DE COURCELLES. C'EST VITE FAIT.
...
AH BEN ÇA ALORS, ÇA ME LA COUPE... T'AS AVALÉ UN PLAN DE PARIS OU QUOI ?
C'EST UN PARIGOT PUR JUS... ÇA TE FAIT PAS BIZARRE, DE BAGOTER, COMME ÇA, DANS TA VILLE ALORS QUE Y A PAS UN CHAT ?
AH ÇA... SÛR QUE J'AURAIS JAMAIS PENSÉ VOIR PARIS COMME ÇA UN JOUR...
J'AIME TES JOURS HEUREUX, J'AIME TES NUITS, PARIS, PARIS J'AIME TA JOIE, J'AIME TON BRUIT, PARIS, PARIS,
ROH, PITIÉ...
J'AIME TON AIR GAVROCHE ET SANS DÉTOUR, J'AIME TON LUXE ET TES FAUBOURGS, PARIS, J'AIME TES AMOURS
BAM
21.

À TERRE !!
CESSEZ LE FEU !! CESSEZ LE FEU !!
NON MAIS ÇA VA PAS, LA TÊTE ?!
QUI A FAIT ÇA ?!
BOUGRE DE NOM DE DIEU D'ABRUTI !! TU VAS VOIR DE QUEL BOIS JE ME CHAUFFE !!
MOT DE PASSE ?
NEY, FRIEDLAND !!
OH LÀLÀ LÀLÀ...
JE SUIS DÉSOLÉ, JE SUIS HORRIBLEMENT DÉSOLÉ...
ÇA VA, PAS DE BLESSÉ ?
JUSTE UNE PETITE FRAYEUR... MAIS FAUT DIRE À VOS GARS DE...
JE SAIS, JE SAIS... J'AI PERDU LA MOITIÉ DU GROUPE IL Y A DIX JOURS... ON M'A ENVOYÉ UNE BANDE DE GUIGNOLS... LES ROIS DU TROUILLOMÈTRE...
ILS VOIENT DES FRITZ PARTOUT, CES CONS-LÀ...
ON A L'AIR DE FRITZ ?! FAUT VOUS PAYER DES LUNETTES !!!
J'AI QUAND MÊME PAS ÉCHAPPÉ À TROIS MOIS DE COMBATS CONTRE LES BOCHES POUR ME FAIRE ÉCHARPER PAR UN TRICOLORE !!
ÇA VA, PAS LA PEINE D'EN RAJOUTER...
QU'EST-CE QUE T'AS DIT, TOI, LE DÉPLUMÉ ?

MOI ? JE...
TU VEUX QUE JE T'EN RAJOUTE UN PEU SUR LE COIN DU MENTON ?!
NON MAIS DIS DONC, LE GRAND CON !! TU...
HUNGH !!
ESPÈCE DE LOUF-TINGUE, TU VAS VOIR DE...
ROOH !!
AAAHH !!
À MOI LES AMINCHES !!
BAM
VOUS AVEZ UNE MINUTE POUR REDEVENIR DES SOLDATS DE L'ARMÉE FRANÇAISE DIGNES DE CE NOM....
... LES RETARDATAIRES VIENDRONT FAIRE UN PETIT TOUR AVEC MOI CHEZ LE CAPITAINE.
23-

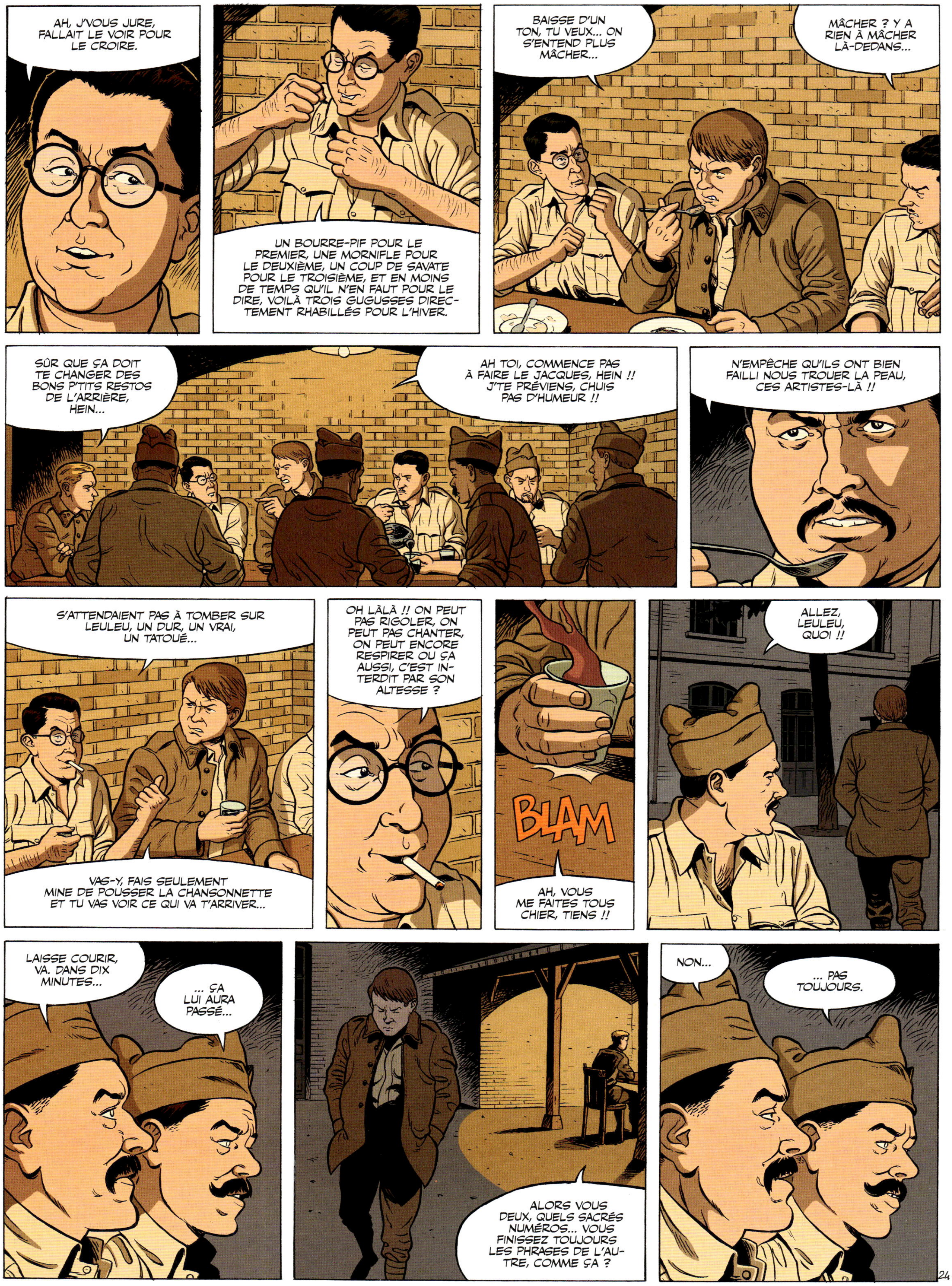
AH, J'VOUS JURE, FALLAIT LE VOIR POUR LE CROIRE.
UN BOURRE-PIF POUR LE PREMIER, UNE MORNIFLE POUR LE DEUXIÈME, UN COUP DE SAVATE POUR LE TROISIÈME, ET EN MOINS DE TEMPS QU'IL N'EN FAUT POUR LE DIRE, VOILÀ TROIS GUGUSSES DIRECTEMENT RHABILLÉS POUR L'HIVER.
BAISSE D'UN TON, TU VEUX... ON S'ENTEND PLUS MÂCHER...
MÂCHER ? Y A RIEN À MÂCHER LÀ-DEDANS...
SÛR QUE ÇA DOIT TE CHANGER DES BONS P'TITS RESTOS DE L'ARRIÈRE, HEIN...
AH TOI, COMMENCE PAS À FAIRE LE JACQUES, HEIN !! J'TE PRÉVIENS, CHUIS PAS D'HUMEUR !!
N'EMPÊCHE QU'ILS ONT BIEN FAILLI NOUS TROUER LA PEAU, CES ARTISTES-LÀ !!
S'ATTENDAIENT PAS À TOMBER SUR LEULEU, UN DUR, UN VRAI, UN TATOUÉ...
VAS-Y, FAIS SEULEMENT MINE DE POUSSER LA CHANSONNETTE ET TU VAS VOIR CE QUI VA T'ARRIVER...
OH LÀLÀ !! ON PEUT PAS RIGOLER, ON PEUT PAS CHANTER, ON PEUT ENCORE RESPIRER OU ÇA AUSSI, C'EST INTERDIT PAR SON ALTESSE ?
BLAM
AH, VOUS ME FAITES TOUS CHIER, TIENS !!
ALLEZ, LEULEU, QUOI !!
LAISSE COURIR, VA. DANS DIX MINUTES...
... ÇA LUI AURA PASSÉ...
ALORS VOUS DEUX, QUELS SACRÉS NUMÉROS... VOUS FINISSEZ TOUJOURS LES PHRASES DE L'AUTRE, COMME ÇA ?
NON...
... PAS TOUJOURS.
24-

T'EN VEUX UNE ?
SE FAIRE PLOMBER PAR UN COPAIN... TU PARLES D'UNE MORT À LA CON...
SI TU SAVAIS...
... ON S'EST FAIT ARROSER PAR NOTRE PROPRE ARTILLERIE, Y A PAS UN MOIS. UN DES COPAINS Y A LAISSÉ SA GUIBOLE...
DEPUIS LE DÉBUT DE LA GUERRE, Y A DES TAS DE PAUVRES GARS QUI SONT MORTS TUÉS PAR LES COPAINS...
C'EST LA GUERRE, QUOI...
LA PUTAIN DE GUERRE...
RECULEZ !!

PUTAIN D'ARTILLERIE !! MAIS QU'EST-CE QU'ILS ATTENDENT POUR LES ARROSER ?!
ILS ONT POURTANT ÉTÉ PRÉVENUS !! ÇA FAIT PLUS D'UNE DEMI-HEURE, MAINTENANT !!
AH LES CONS !!
RIEN À FOUTRE, ON RECULE !! ON VA PAS RESTER LÀ À SE FAIRE DÉGOMMER COMME À LA FOIRE PARCE QUE CES SALAUDS-LÀ FONT PAS LEUR BOULOT !!
ALLEZ, ON DÉCAMPE !!
NOM DE D...
LA NUIT AUSSI, Y A DES PATROUIL-LES ?
J'EN SAIS RIEN. J'IMAGINE... FAUT DEMANDER AU SERGENT... OU DIRECTEMENT AU JUTEUX.
MAIS DIS DONC, L'ARTISTE... T'EN POSES, DES QUES-TIONS, D'UN COUP...
T'AURAIS PAS DANS L'IDÉE DE TE FAIRE LA BELLE, DES FOIS ? JE TE RAPPELLE QU'ON EST EN GUERRE, MON PETIT POTE. SI TU TE FAIS CHOPER À DÉSERTER, C'EST DIRECT LE PELOTON D'EXÉC' ET UN ALLER SIMPLE POUR LA GRANDE HORIZONTALE !!
JE SAIS... JE M'INTÉRESSE, C'EST TOUT.
TU T'INTÉRESSES.... BIEN SÛR... ET MON CUL, C'EST DU POULET.

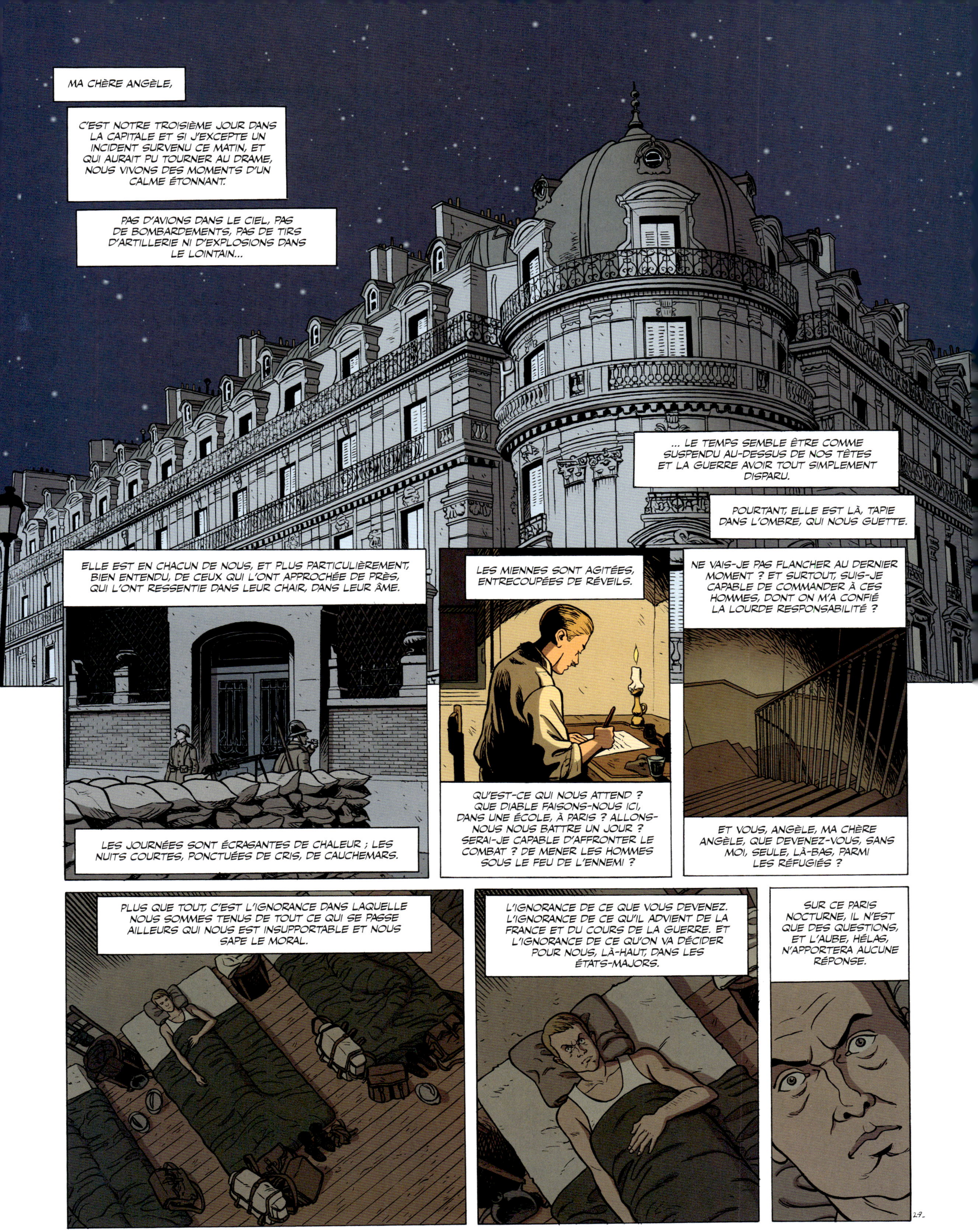
MA CHÈRE ANGÈLE,
C'EST NOTRE TROISIÈME JOUR DANS LA CAPITALE ET SI J'EXCEPTE UN INCIDENT SURVENU CE MATIN, ET QUI AURAIT PU TOURNER AU DRAME, NOUS VIVONS DES MOMENTS D'UN CALME ÉTONNANT.
PAS D'AVIONS DANS LE CIEL, PAS DE BOMBARDEMENTS, PAS DE TIRS D'ARTILLERIE NI D'EXPLOSIONS DANS LE LOINTAIN...
... LE TEMPS SEMBLE ÊTRE COMME SUSPENDU AU-DESSUS DE NOS TÊTES ET LA GUERRE AVOIR TOUT SIMPLEMENT DISPARU.
POURTANT, ELLE EST LÀ, TAPIE DANS L'OMBRE, QUI NOUS GUETTE.
ELLE EST EN CHACUN DE NOUS, ET PLUS PARTICULIÈREMENT, BIEN ENTENDU, DE CEUX QUI L'ONT APPROCHÉE DE PRÈS, QUI L'ONT RESSENTIE DANS LEUR CHAIR, DANS LEUR ÂME.
LES JOURNÉES SONT ÉCRASANTES DE CHALEUR ; LES NUITS COURTES, PONCTUÉES DE CRIS, DE CAUCHEMARS.
LES MIENNES SONT AGITÉES, ENTRECOUPÉES DE RÉVEILS.
QU'EST-CE QUI NOUS ATTEND ? QUE DIABLE FAISONS-NOUS ICI, DANS UNE ÉCOLE, À PARIS ? ALLONS-NOUS NOUS BATTRE UN JOUR ? SERAI-JE CAPABLE D'AFFRONTER LE COMBAT ? DE MENER LES HOMMES SOUS LE FEU DE L'ENNEMI ?
NE VAIS-JE PAS FLANCHER AU DERNIER MOMENT ? ET SURTOUT, SUIS-JE CAPABLE DE COMMANDER À CES HOMMES, DONT ON M'A CONFIÉ LA LOURDE RESPONSABILITÉ ?
ET VOUS, ANGÈLE, MA CHÈRE ANGÈLE, QUE DEVENEZ-VOUS, SANS MOI, SEULE, LÀ-BAS, PARMI LES RÉFUGIÉS ?
PLUS QUE TOUT, C'EST L'IGNORANCE DANS LAQUELLE NOUS SOMMES TENUS DE TOUT CE QUI SE PASSE AILLEURS QUI NOUS EST INSUPPORTABLE ET NOUS SAPE LE MORAL.
L'IGNORANCE DE CE QUE VOUS DEVENEZ. L'IGNORANCE DE CE QU'IL ADVIENT DE LA FRANCE ET DU COURS DE LA GUERRE. ET L'IGNORANCE DE CE QU'ON VA DÉCIDER POUR NOUS, LÀ-HAUT, DANS LES ÉTATS-MAJORS.
SUR CE PARIS NOCTURNE, IL N'EST QUE DES QUESTIONS, ET L'AUBE, HÉLAS, N'APPORTERA AUCUNE RÉPONSE.

GARDE À VOUS !!
MESSIEURS...
... IL EST REVENU À MES OREILLES, QUE J'AI FORT LARGES, COMME VOUS N'ÊTES PAS SANS LE SAVOIR, QU'IL Y AVAIT EU DU GRABUGE, HIER MATIN, ENTRE DEUX GROUPES DE PATROUILLES.
DE BRAVES SOLDATS FRANÇAIS CONTRE DE BRAVES SOLDATS FRANÇAIS.
AH, IL EST FORT, NOTRE ENNEMI, POUR QU'IL N'AIT PLUS BESOIN DE NOUS COMBATTRE PUISQUE NOUS LE FAISONS TRÈS BIEN NOUS-MÊMES !!
VOUS ÊTES DE BONS GARÇONS. ET DE BONS SOLDATS. NE CROYEZ PAS QUE J'AI OUBLIÉ CE QUE VOUS AVEZ FAIT, IL Y A UN MOIS, ET AVANT, FACE À L'ENNEMI.
ALORS CE N'EST PAS LE MOMENT DE CÉDER À LA PANIQUE NI AU DÉFAITISME.
NOUS AVONS RECULÉ, C'EST VRAI, MAIS C'EST ICI ET MAINTENANT QUE NOUS ALLONS REPRENDRE L'OFFENSIVE ET QUE, DEMAIN, NOUS REMPORTERONS LA VICTOIRE !!
VOUS ÊTES DES BRAVES. VOUS TIENDREZ. QUOI QU'IL ARRIVE, VOUS TIENDREZ.
PAS VRAI ?!
OUI, CAPITAINE !!
LIEUTENANT, VOUS TRANSMETTREZ LES NOUVEAUX MOTS DE PASSE AU SERGENT, AINSI QUE LES DERNIÈRES CONSIGNES CONCERNANT LES PATROUILLES.
EUH... CAPITAINE...
SERGENT ?
C'EST UN PEU... EUH, DÉLICAT, MAIS... C'EST-À-DIRE QUE LES HOMMES SE POSENT DES QUESTIONS, CAPITAINE.
NOUS N'AVONS PLUS AUCUNE NOUVELLE, PAS DE JOURNAUX, RIEN... NOUS SOMMES POUR AINSI DIRE COUPÉS DU MONDE.
LE CENTRE DU MONDE, AU MOMENT OÙ NOUS PARLONS, C'EST VOUS ; EN CONSÉQUENCE DE QUOI, QUAND IL SE PASSERA QUELQUE CHOSE, VOUS SEREZ LES PREMIERS AU COURANT !!
28

IL PARLAIT DE QUOI ?
QUI ÇA ?
LE CAPISTON... IL A DIT QU'IL AVAIT PAS OUBLIÉ CE QUE VOUS AVIEZ FAIT IL Y A UN MOIS...
AH ÇA... BOF... DISONS QU'ON S'EST PAS MAL BATTUS, QUOI...
C'EST PAS COMME SI ON AVAIT EU LE CHOIX, NOTE BIEN...
LEULEU !!
OUAIS ?! QU'EST-CE QU'Y A ?!
JE PEUX TE PARLER DEUX MINUTES ?!
ME PARLER ? ET ON EST EN TRAIN DE FAIRE QUOI, LÀ ?!
AH, EUH... OUI, D'ACCORD... EUH...
OUI ?
C'EST QUE JE SAIS PAS PAR OÙ COMMENCER...
ESSAYE TOUJOURS AVEC LE DÉBUT.
ÉCOUTE, JE... T'AVAIS RAISON, C'ÉTAIT PAS POUR RIEN QUE JE T'AI POSÉ TOUTES CES QUESTIONS, HIER SOIR, SUR LES PATROUILLES ET TOUT...
EN FAIT... EN FAIT, JE CHERCHE QUELQU'UN POUR FAIRE UNE VIRÉE DE NUIT AVEC MOI, DANS PARIS.
IL Y A... IL Y A QUELQUE CHOSE, PAS LOIN D'ICI, QUE JE VEUX À TOUT PRIX RÉCUPÉRER.
PARIS EST VIDE, TOUT LE MONDE EST PARTI... MA DIVISION SE RETROUVE JUSTE ICI, À MOINS D'UN KILOMÈTRE DE... DE ÇA.
IL FAUT QUE JE LE FASSE.
SEULEMENT JE PEUX PAS LE FAIRE TOUT SEUL.
29

JE VOIS PAS CE QUI T'EMPÊCHE... T'OUVRES LA FENÊTRE DU DORTOIR, TU TE TIRES, TU TE FAIS PAS VOIR PAR LES COPAINS DE GARDE, TU FAIS TON AFFAIRE ET TU REVIENS...
... PAS DE QUOI FAIRE UN FROMAGE...
T'OUBLIES QU'ON DORT AU DEUXIÈME ÉTAGE, QUE LE SERGENT A PEUT-ÊTRE LE SOMMEIL LÉGER, QU'IL Y A DES GRILLES PARTOUT SUR LES MURS DE L'ÉCOLE, QUE JE PEUX TOMBER SUR UNE PATROUILLE DE NUIT...
FAUT SAVOIR CE QUE TU VEUX, MON VIEUX !! QUAND ON VEUT JOUER LES FILLES DE L'AIR, FORCÉMENT, Y A DES RISQUES.
JE SAIS, JE SAIS.
MAIS JE ME DISAIS... LEULEU A L'AIR D'ÊTRE UN GARS AU POIL. ET QU'A PAS FROID AUX YEUX. ALORS J'AI PENSÉ QUE PEUT-ÊTRE...
PEUT-ÊTRE IL ALLAIT RISQUER SES FESSES POUR UN GUGUSSE QU'IL CONNAÎT MÊME PAS ET POUR UN MACHIN QU'IL SAIT MÊME PAS CE QUE C'EST.
PEUT-ÊTRE AUSSI QU'IL SERAIT D'ACCORD POUR ME CIRER MES BRODEQUINS, ET PIS ME CHANTER UNE BERCEUSE LE SOIR POUR M'ENDORMIR ET PIS COMME C'EST LA GUERRE, BEN PEUT-ÊTRE MÊME QU'IL VEUT BIEN SE FAIRE TROUER LE LARD À MA PLACE, TANT QU'ON Y EST ?!
T'AS RAISON.
BON, VOILÀ : EN FAIT, JE DOIS RÉCUPÉRER LA CORRESPONDANCE GALANTE DE MON MEILLEUR AMI.
IL A ÉTÉ INCORPORÉ, COMME MOI, ET S'IL Y PASSE, SA FEMME TOMBERA FORCÉMENT DESSUS ET ÇA, IL FAUT SURTOUT PAS QUE ÇA ARRIVE.
IL A PAS EU LE TEMPS DE LE FAIRE AVANT, ET JE LUI AI PROMIS QUE JE FERAIS CE QUE JE POURRAIS.
C'EST UNE PROMESSE À UN COPAIN, TU COMPRENDS ? JE PEUX PAS ME DÉFILER...
30-

PFF...
PFF FFF...
ALORS ÇA, C'EST PAS BANAL...
MOINS QUE ÇA...
PLUS QUE ÇA...
J'EN SUIS BABA...
ET MOI DONC...
...
SERGENT, DEPUIS QUE JE SUIS SOLDAT, J'EN AI VU DES TRUCS BIZARRES, MAIS ALORS ÇA...
ÇA QUOI, LEFORT ?!
MAIS ENFIN, MAIS... QU'EST-CE QUI VOUS PREND ? AVEC CETTE CHALEUR À CREVER ? SI JE PEUX ME PERMETTRE, BIEN SÛR, HEIN...
JE FAIS DE L'ATHLÉTISME. COURSE À PIED. EN AMATEUR, BIEN SÛR...
SAUF QUE D'HABITUDE, JE NE COURS PAS AVEC DES BRODEQUINS QUI PÈSENT TROIS TONNES...
VOUS SAVEZ QUOI ?
SI J'ÉTAIS CAPABLE DE TRICOTER DES PINCEAUX COMME VOUS, ÇA FERAIT NI UNE NI DEUX, JE PARTIRAIS EN COURANT LOIN D'ICI.
LOIN, LOIN, LOIN, TELLEMENT LOIN QUE MÊME LA GUERRE, ELLE POURRAIT PAS ME RATTRAPER.
31.

TABAC

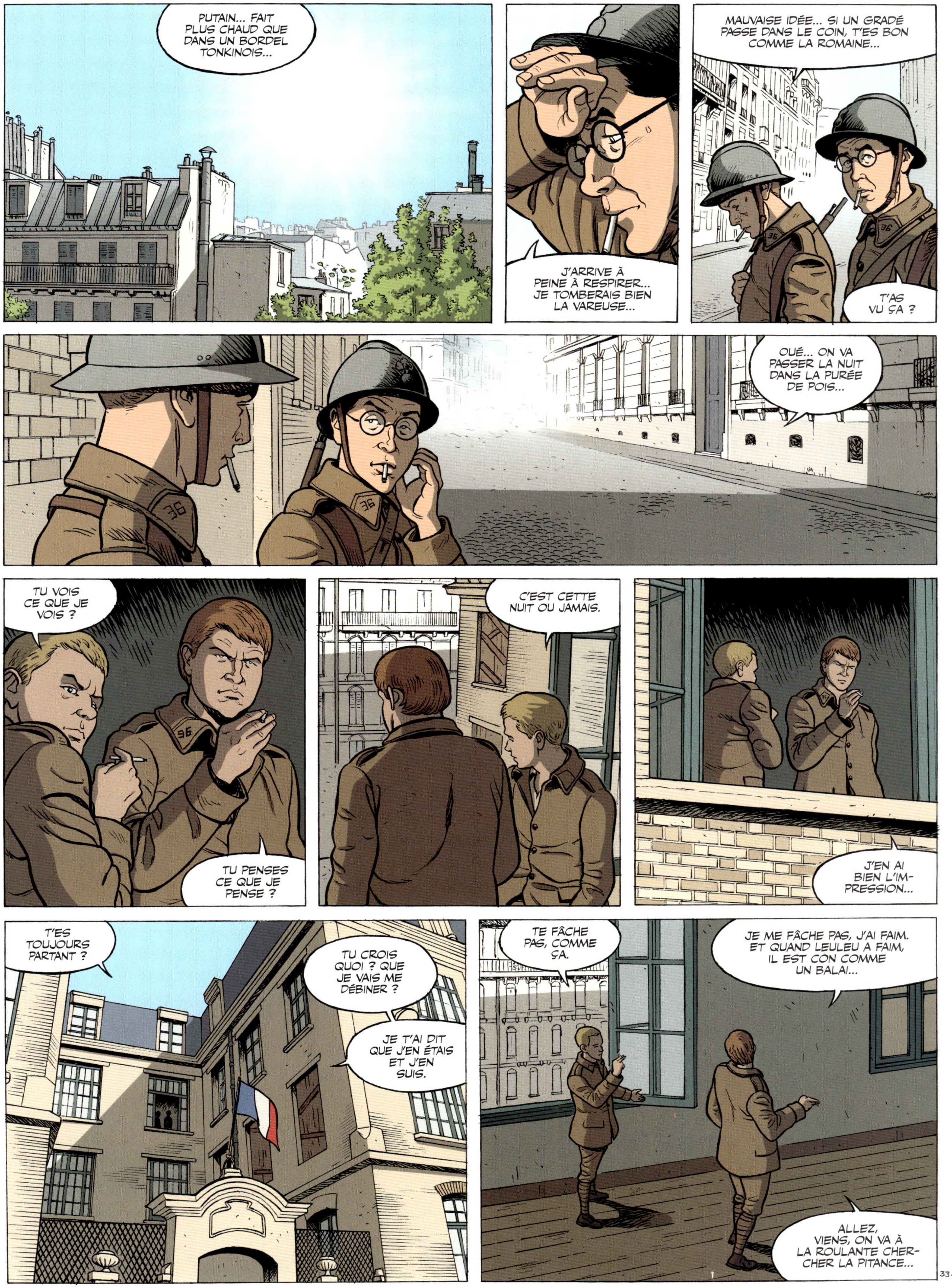
PUTAIN... FAIT PLUS CHAUD QUE DANS UN BORDEL TONKINOIS...
J'ARRIVE À PEINE À RESPIRER... JE TOMBERAIS BIEN LA VAREUSE...
MAUVAISE IDÉE... SI UN GRADÉ PASSE DANS LE COIN, T'ES BON COMME LA ROMAINE...
T'AS VU ÇA ?
OUÉ... ON VA PASSER LA NUIT DANS LA PURÉE DE POIS...
TU VOIS CE QUE JE VOIS ?
TU PENSES CE QUE JE PENSE ?
C'EST CETTE NUIT OU JAMAIS.
J'EN AI BIEN L'IM-PRESSION...
T'ES TOUJOURS PARTANT ?
TU CROIS QUOI ? QUE JE VAIS ME DÉBINER ?
JE T'AI DIT QUE J'EN ÉTAIS ET J'EN SUIS.
TE FÂCHE PAS, COMME ÇA.
JE ME FÂCHE PAS, J'AI FAIM. ET QUAND LEULEU A FAIM, IL EST CON COMME UN BALAI...
ALLEZ, VIENS, ON VA À LA ROULANTE CHER-CHER LA PITANCE...
33-

J'AI AVALÉ UNE FAMEUSE GORGÉE DE POISON. TROIS FOIS BÉNI SOIT LE CONSEIL QUI M'EST ARRIVÉ !
LES ENTRAILLES ME BRÛLENT. LA VIOLENCE DU VENIN TORD MES JAMBES... NON, MES MEMBRES... NON, MES...
QUI VA LÀ ?!
DU CALME, JOJO LE POÈTE !! C'EST MOI, LEULEU.
MAIS ENFIN, MAIS QU'EST-CE TU... QU'EST-CE QUE VOUS FOUTEZ LÀ ?
ÉCOUTE, VIEUX...
JE SAIS QUE T'ES LE BON BOUGRE. PAS LE GENRE À FOUTRE UN BON COPAIN DANS LE PÉTRIN.
ET JE SAIS QU'ON PEUT COMPTER SUR TOI.
LE COPAIN QU'EST LÀ, IL A UN SOUCI. GROS CALIBRE. IL FAUT QU'IL AILLE RECHERCHER UN PAPIER DANS L'APPARTEMENT DE SES BEAUX-PARENTS, PAS TRÈS LOIN D'ICI, DU CÔTÉ DU SQUARE DES BATIGNOLLES.
C'EST DU GENRE QUESTION DE VIE OU DE MORT.
ALORS ON SE DISAIT COMME ÇA QU'UN BON POTEAU COMME TOI, TU NOUS LAISSERAIS SÛREMENT FAIRE UN ALLER-RETOUR VITE FAIT. NI VU NI CONNU. TU VOIS LE TABLEAU ?
JE VOIS, MAIS JE... EUH... VOUS EN AVEZ POUR COMBIEN DE TEMPS ?
UNE HEURE MAXIMUM. LE TEMPS D'ALLER, REVENIR ET ON N'EN PARLE PLUS.
ET LE SERGENT ? IL A LE SOMMEIL LÉGER, CELUI-LÀ... LA NUIT, IL TOURNE, IL VIRE...
POUR L'INSTANT, IL DORT COMME UNE SOUCHE. ET EN CAS DE PÉPIN, ON DIRA QU'ON EST PASSÉS PAR UNE DES FENÊTRES QUI DONNENT SUR LA RUE. TU SERAS PAS DANS LE COUP.
ALORS ? QU'EST-CE QUE T'EN DIS ?

SOUSCRIVEZ AUX BONS D'ARMEMENT
ON Y VA...
MERDE...
MERDE MERDE MERDE MERDE MERDE...
SALOPERIE DE BROUILLARD...
QUELQU'UN SAIT OÙ ON EST, LÀ ?
17 ARR
BOULEVA MALESHE
BOUL... BOULEVARD MALESHERBES...
ALORS... MALESHERBES, MALESHERBES...
NOM DE DIEU DE BÊTE À CORNES !! ON S'EST COMPLÈTEMENT GOURÉS, LES GARS !!

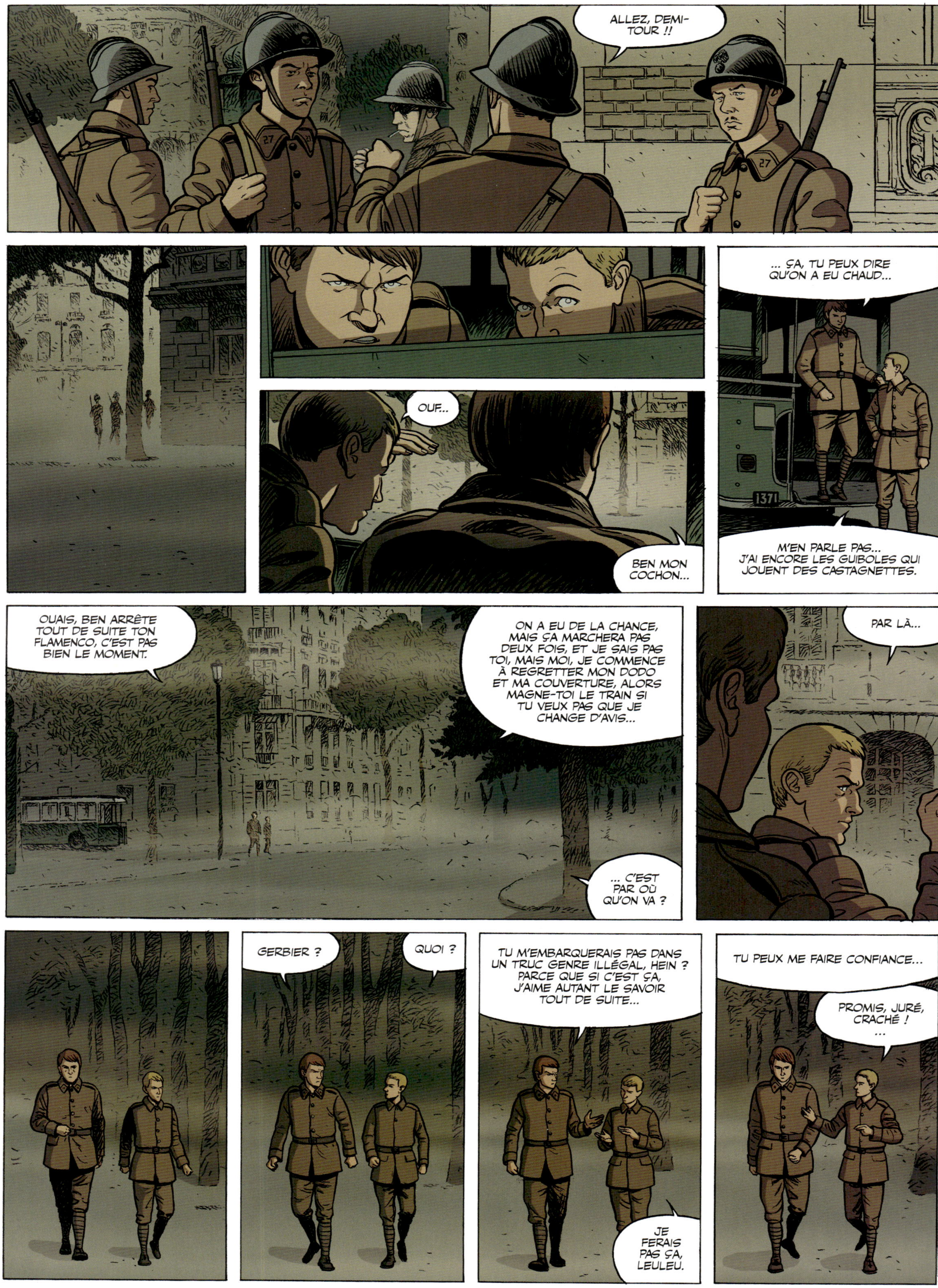
ALLEZ, DEMI-TOUR !!
... ÇA, TU PEUX DIRE QU'ON A EU CHAUD...
M'EN PARLE PAS... J'AI ENCORE LES GUIBOLES QUI JOUENT DES CASTAGNETTES.
OUF...
BEN MON COCHON...
OUAIS, BEN ARRÊTE TOUT DE SUITE TON FLAMENCO, C'EST PAS BIEN LE MOMENT.
ON A EU DE LA CHANCE, MAIS ÇA MARCHERA PAS DEUX FOIS, ET JE SAIS PAS TOI, MAIS MOI, JE COMMENCE À REGRETTER MON DODO ET MA COUVERTURE, ALORS MAGNE-TOI LE TRAIN SI TU VEUX PAS QUE JE CHANGE D'AVIS...
... C'EST PAR OÙ QU'ON VA ?
PAR LÀ...
GERBIER ?
QUOI ?
TU M'EMBARQUERAIS PAS DANS UN TRUC GENRE ILLÉGAL, HEIN ? PARCE QUE SI C'EST ÇA, J'AIME AUTANT LE SAVOIR TOUT DE SUITE...
JE FERAIS PAS ÇA, LEULEU.
TU PEUX ME FAIRE CONFIANCE...
PROMIS, JURÉ, CRACHÉ ! ...

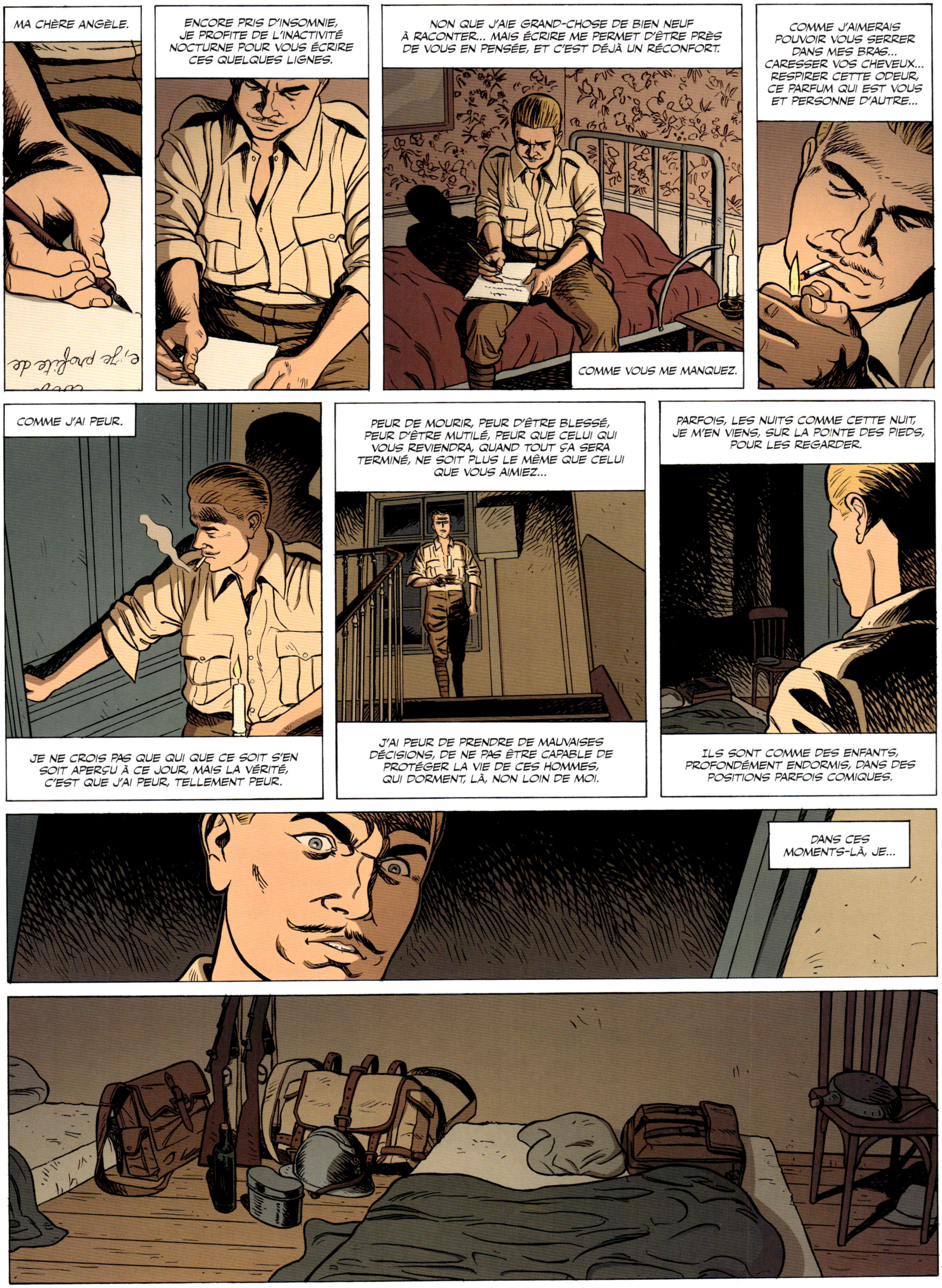
MA CHÈRE ANGÈLE.
ENCORE PRIS D'INSOMNIE, JE PROFITE DE L'INACTIVITÉ NOCTURNE POUR VOUS ÉCRIRE CES QUELQUES LIGNES.
NON QUE J'AIE GRAND-CHOSE DE BIEN NEUF À RACONTER... MAIS ÉCRIRE ME PERMET D'ÊTRE PRÈS DE VOUS EN PENSÉE, ET C'EST DÉJÀ UN RÉCONFORT.
COMME VOUS ME MANQUEZ.
COMME J'AIMERAIS POUVOIR VOUS SERRER DANS MES BRAS... CARESSER VOS CHEVEUX... RESPIRER CETTE ODEUR, CE PARFUM QUI EST VOUS ET PERSONNE D'AUTRE...
COMME J'AI PEUR.
JE NE CROIS PAS QUE QUI QUE CE SOIT S'EN SOIT APERÇU À CE JOUR, MAIS LA VÉRITÉ, C'EST QUE J'AI PEUR, TELLEMENT PEUR.
PEUR DE MOURIR, PEUR D'ÊTRE BLESSÉ, PEUR D'ÊTRE MUTILÉ, PEUR QUE CELUI QUI VOUS REVIENDRA, QUAND TOUT ÇA SERA TERMINÉ, NE SOIT PLUS LE MÊME QUE CELUI QUE VOUS AIMIEZ...
J'AI PEUR DE PRENDRE DE MAUVAISES DÉCISIONS, DE NE PAS ÊTRE CAPABLE DE PROTÉGER LA VIE DE CES HOMMES, QUI DORMENT, LÀ, NON LOIN DE MOI.
PARFOIS, LES NUITS COMME CETTE NUIT, JE M'EN VIENS, SUR LA POINTE DES PIEDS, POUR LES REGARDER.
ILS SONT COMME DES ENFANTS, PROFONDÉMENT ENDORMIS, DANS DES POSITIONS PARFOIS COMIQUES.
DANS CES MOMENTS-LÀ, JE...
37.

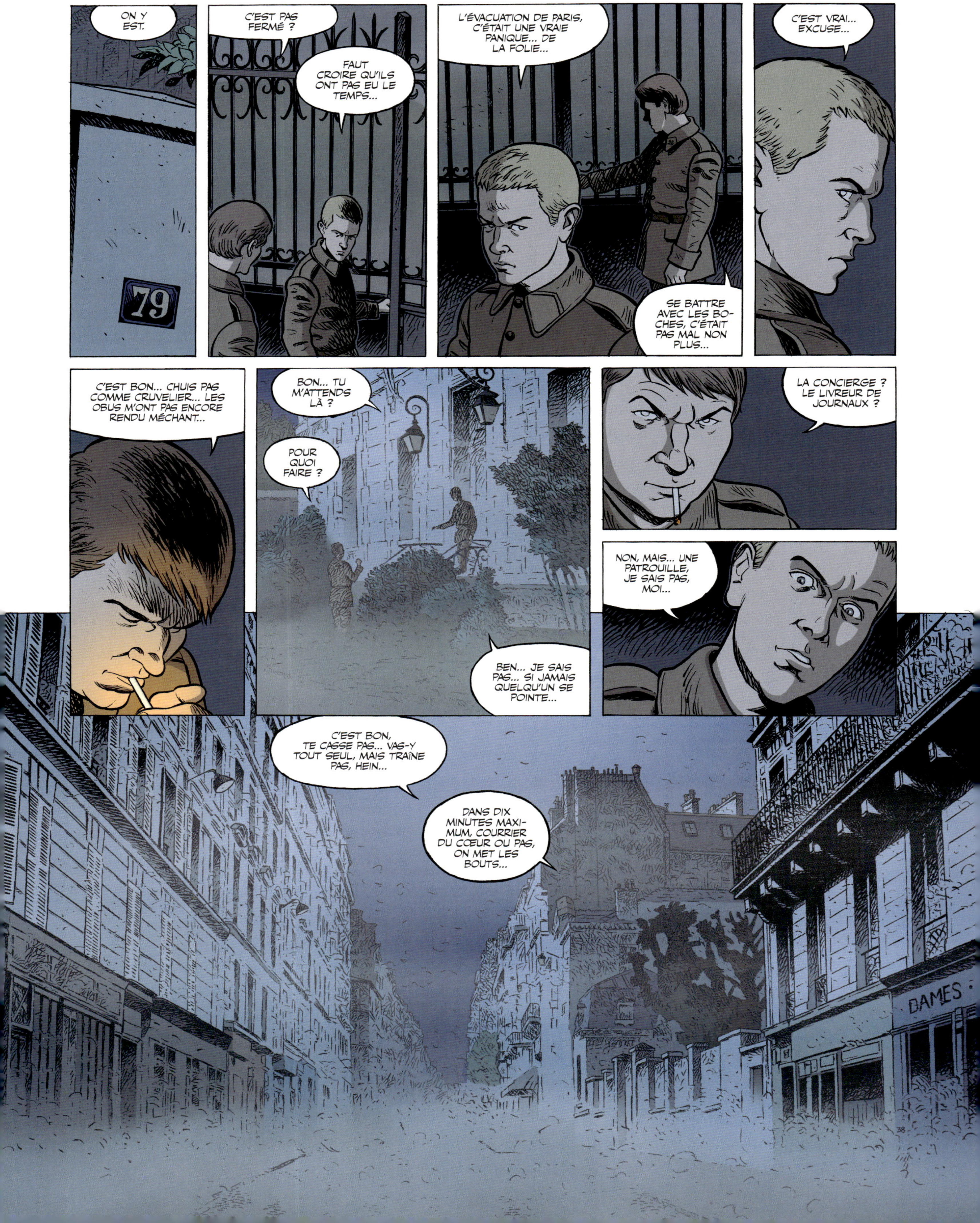
ON Y EST.
C'EST PAS FERMÉ ?
FAUT CROIRE QU'ILS ONT PAS EU LE TEMPS...
L'ÉVACUATION DE PARIS, C'ÉTAIT UNE VRAIE PANIQUE... DE LA FOLIE...
SE BATTRE AVEC LES BOCHES, C'ÉTAIT PAS MAL NON PLUS...
C'EST VRAI... EXCUSE...
C'EST BON... CHUIS PAS COMME CRUVELIER... LES OBUS M'ONT PAS ENCORE RENDU MÉCHANT...
BON... TU M'ATTENDS LÀ ?
POUR QUOI FAIRE ?
BEN... JE SAIS PAS... SI JAMAIS QUELQU'UN SE POINTE...
LA CONCIERGE ? LE LIVREUR DE JOURNAUX ?
NON, MAIS... UNE PATROUILLE, JE SAIS PAS, MOI...
C'EST BON, TE CASSE PAS... VAS-Y TOUT SEUL, MAIS TRAÎNE PAS, HEIN...
DANS DIX MINUTES MAXIMUM, COURRIER DU CŒUR OU PAS, ON MET LES BOUTS...
79
DAMES

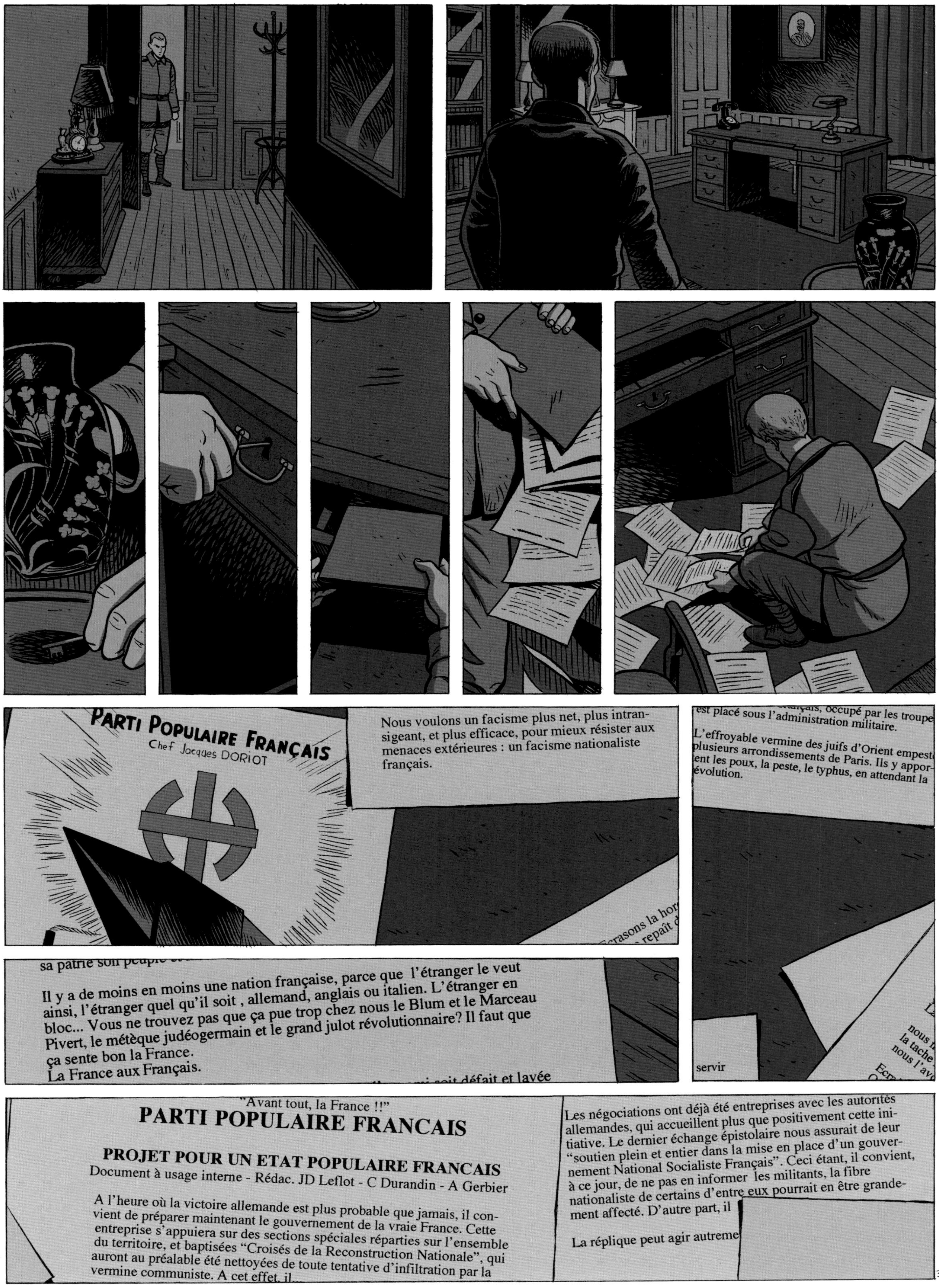
PARTI POPULAIRE FRANÇAIS
Chef Jacques DORIOT
Nous voulons un facisme plus net, plus intransigeant, et plus efficace, pour mieux résister aux menaces extérieures : un facisme nationaliste français.
est placé sous l'administration militaire.
L'effroyable vermine des juifs d'Orient empest plusieurs arrondissements de Paris. Ils y apportent les poux, la peste, le typhus, en attendant la évolution.
Ecrasons la hor
repaît d
sa patrie son peuple
Il y a de moins en moins une nation française, parce que l'étranger le veut ainsi, l'étranger quel qu'il soit, allemand, anglais ou italien. L'étranger en bloc... Vous ne trouvez pas que ça pue trop chez nous le Blum et le Marceau Pivert, le métèque judéogermain et le grand julot révolutionnaire? Il faut que ça sente bon la France.
La France aux Français.
soit défait et lavée
servir
nous
la tache
nous l'av
Ecr
"Avant tout, la France !!"
PARTI POPULAIRE FRANCAIS
PROJET POUR UN ETAT POPULAIRE FRANCAIS
Document à usage interne - Rédac. JD Leflot - C Durandin - A Gerbier
A l'heure où la victoire allemande est plus probable que jamais, il convient de préparer maintenant le gouvernement de la vraie France. Cette entreprise s'appuiera sur des sections spéciales réparties sur l'ensemble du territoire, et baptisées "Croisés de la Reconstruction Nationale", qui auront au préalable été nettoyées de toute tentative d'infiltration par la vermine communiste. A cet effet, il...
Les négociations ont déjà été entreprises avec les autorités allemandes, qui accueillent plus que positivement cette initiative. Le dernier échange épistolaire nous assurait de leur "soutien plein et entier dans la mise en place d'un gouvernement National Socialiste Français". Ceci étant, il convient, à ce jour, de ne pas en informer les militants, la fibre nationaliste de certains d'entre eux pourrait en être grandement affecté. D'autre part, il
La réplique peut agir autreme

39 -

JE VOUS JURE, SERGENT, JE...
ÉCOUTEZ, ELIANI, IL N'Y A PAS TRENTE-SIX FAÇONS DE QUITTER CETTE ÉCOLE. SOIT PAR LA FENÊTRE, ET ELLE ÉTAIT FERMÉE. SOIT PAR LE PORTAIL D'ENTRÉE, ET IL ME SEMBLE QUE VOUS ÊTES JUSTEMENT LÀ POUR ÉVITER QUE ÇA ARRIVE.
SANS VOULOIR VOUS CONTREDIRE, SERGENT, JE SUIS PLUTÔT LÀ POUR EMPÊCHER QU'ON RENTRE ET NON QU'ON SORTE... EUH...
VOUS VOULEZ FAIRE LE MARIOLE ? VOUS VOULEZ QUE J'AILLE RÉVEILLER LE CAPITAINE ? VOUS AVEZ UNE PETITE IDÉE DE CE QUI VA VOUS ARRIVER SI JE...
C'EST BON, C'EST BON !!
SI JE VOUS DIS QUOI, EST-CE QU'ON PEUT, GENRE... TROUVER UN ARRANGEMENT ? UNE ESPÈCE DE GENTLEMEN'S AGREEMENT ?
QUE...
VOUS VOULEZ QUE JE VOUS ÉTRANGLE ICI ET MAINTENANT OU QUOI ?
D'ACCORD, D'ACCORD, D'ACCORD !! VOUS FÂCHEZ PAS...
APRÈS TOUT, JE VOIS PAS POURQUOI JE TRINQUERAIS À LEUR PLACE... BON, D'ACCORD, ILS SONT PARTIS... TOUS LES DEUX, GERBIER ET LEULEU...
PARTIS ?! VOUS VOULEZ DIRE QU'ILS ONT DÉSERTÉ ?!
NON NON !! OH LÀLÀ, NON !! EN FAIT, C'EST GERBIER.
C'EST UN PARIGOT, COMME VOUS SAVEZ, ET IL VOULAIT RÉCUPÉRER UN TRUC DRÔLEMENT IMPORTANT POUR LUI, DANS UN APPARTEMENT PAS TRÈS LOIN. ILS ONT DIT QU'ILS FAISAIENT L'ALLER-RETOUR ET PIS VOILÀ...
L'ALLER-RETOUR ? ET S'ILS TOMBENT SUR UNE PATROUILLE ?! SI ON LEUR TIRE DESSUS ? SI ON LES ARRÊTE ?
ILS VONT SE RETROUVER AU POTEAU D'EXÉCUTION EN DEUX TEMPS TROIS MOUVEMENTS !!
NON MAIS QU'EST-CE QUI M'A FOUTU DEUX PAREILS JEAN-FOUTRE ?!
AH, ÇA VA BARDER !! JE VOUS PRÉVIENS...
ALLEZ ME CHERCHER HENRY!! ET SANS RÉVEILLER LES AUTRES !!
HENRY ?! MAIS JE...
EXÉCUTION !!

GERBIER !! NOM DE DIEU !!
LEULEU ?! MAIS QU'EST-CE QUE...
TA GUEULE !!
FERME TA GUEULE...
REGARDE...
41.

VOUS ÊTES SÛR QU'IL A DIT « SQUARE DES BATIGNOLLES » ?
SÛR ET CERTAIN, SERGENT !!
VRAIMENT CERTAIN ? CE N'ÉTAIT PAS BOULEVARD DES BATIGNOLLES OU RUE DES BATIGNOLLES ?!
JE SUIS SÛR À CENT POUR CENT, SERGENT. ILS ONT BIEN DIT « SQUARE »...
JE VOIS... MAIS AUTANT CHERCHER UNE AIGUILLE DANS UNE MEULE DE FOIN...
C'EST BIEN CE QUE JE PENSE...
AHEM... J'AI RIEN DIT...
42 -

OH, SAINTE MÈRE... T'AS VU COMME ILS SONT NOMBREUX ?
MAIS... QU'EST-CE QU'ILS FOUTENT LÀ ?
À TON AVIS ? ILS VIENNENT NOUS DONNER LA RECETTE DE LA FORÊT-NOIRE ?!
C'EST LA GUERRE, ABRUTI !! ET IL FAUT QUE CE SOIT CETTE NUIT, NOM DE DIEU DE NOM DE DIEU DE CONS, QUE CES SALAUDS DE FRIDOLINS DÉCIDENT DE PASSER À L'ACTION !!
CRIE PAS COMME ÇA, MALHEUREUX...
QU'EST-CE QU'ON VA FAIRE ?! FAUT QU'ON RENTRE À NOTRE POSTE, ET VITE !!
RETOURNER DANS LES RUES MAINTENANT QU'IL Y A DES ALLEMANDS PARTOUT ? NON MAIS T'ES PAS MALADE ?
DE QUOI ?!
MAIS FAUT QU'ON PRÉVIENNE LES COPAINS !!
SI PERSONNE LEUR DIT RIEN, ILS VONT SE FAIRE MASSACRER !!
BON DIEU...
TU CONNAIS LE QUARTIER COMME TA POCHE, NON ?!
ON VA PRENDRE LES PETITES RUES, ÉVITER LES BOULEVARDS !!
ALLEZ, GROUILLE-TOI UN PEU !!
J'AI ÉTÉ TROP GENTIL AVEC VOUS...
TROP GENTIL, TROP INDULGENT, TROP BON... TROP CON !!
LE LIEUTENANT FERCHAUT ME L'AVAIT POURTANT BIEN DIT... « TIENS-LES DUR OU C'EST EUX QUI TE TIENDRONT !! »
IL N'ARRÊTAIT PAS DE ME LE RÉPÉTER... MAINTENANT, JE COMPRENDS POURQUOI...
VOUS ÊTES PIRES QUE DES GOSSES.
SAUF QUE VOUS EMBARQUEZ LES AUTRES DANS VOS CONNERIES, PARCE QUE LÀ, S'ILS SE FONT PRENDRE...
43 -

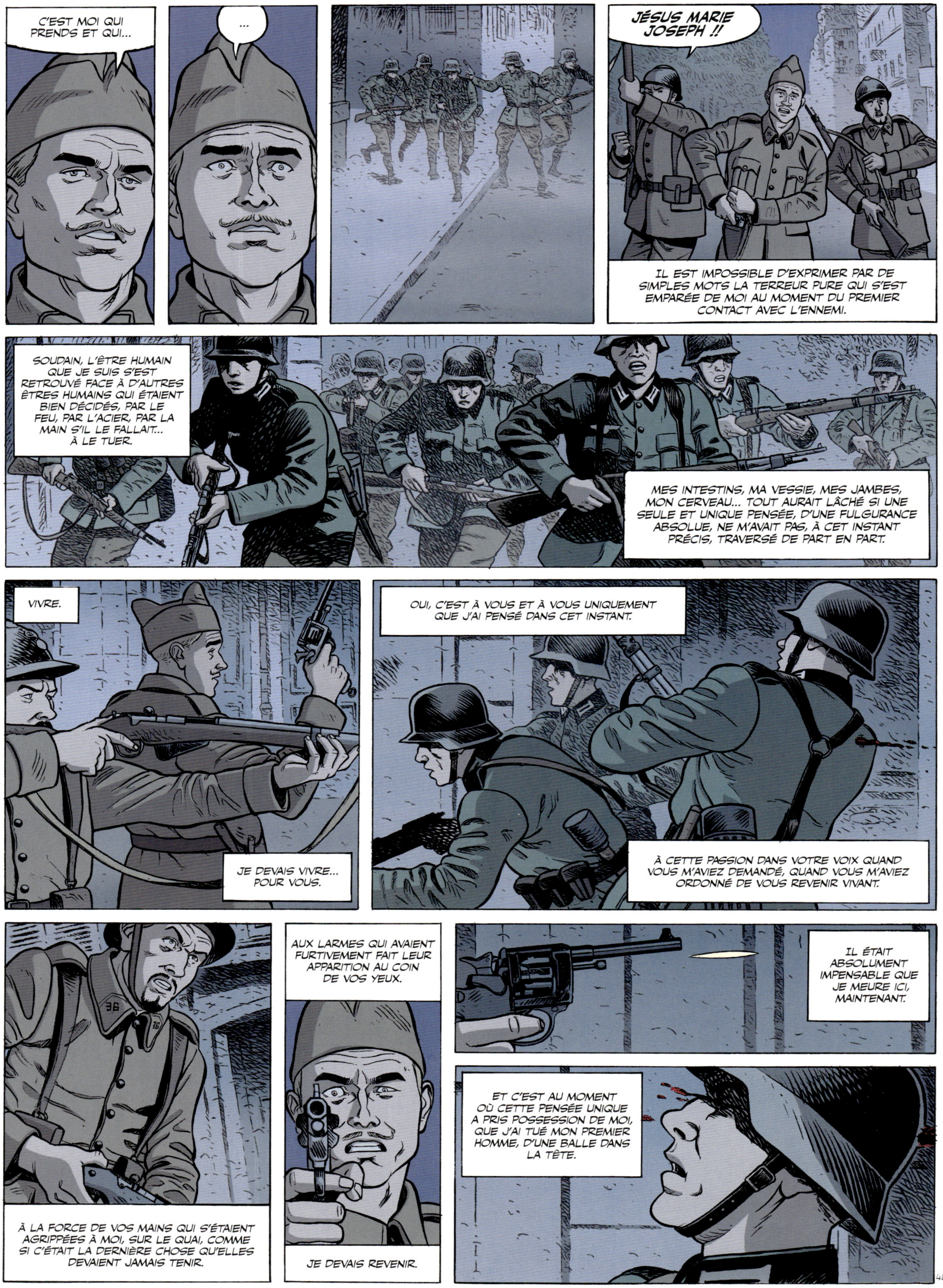

C'EST MOI QUI PRENDS ET QUI...
...
JÉSUS MARIE JOSEPH !!
IL EST IMPOSSIBLE D'EXPRIMER PAR DE SIMPLES MOTS LA TERREUR PURE QUI S'EST EMPARÉE DE MOI AU MOMENT DU PREMIER CONTACT AVEC L'ENNEMI.
SOUDAIN, L'ÊTRE HUMAIN QUE JE SUIS S'EST RETROUVÉ FACE À D'AUTRES ÊTRES HUMAINS QUI ÉTAIENT BIEN DÉCIDÉS, PAR LE FEU, PAR L'ACIER, PAR LA MAIN S'IL LE FALLAIT... À LE TUER.
MES INTESTINS, MA VESSIE, MES JAMBES, MON CERVEAU... TOUT AURAIT LÂCHÉ SI UNE SEULE ET UNIQUE PENSÉE, D'UNE FULGURANCE ABSOLUE, NE M'AVAIT PAS, À CET INSTANT PRÉCIS, TRAVERSÉ DE PART EN PART.
VIVRE.
JE DEVAIS VIVRE... POUR VOUS.
OUI, C'EST À VOUS ET À VOUS UNIQUEMENT QUE J'AI PENSÉ DANS CET INSTANT.
À CETTE PASSION DANS VOTRE VOIX QUAND VOUS M'AVIEZ DEMANDÉ, QUAND VOUS M'AVIEZ ORDONNÉ DE VOUS REVENIR VIVANT.
À LA FORCE DE VOS MAINS QUI S'ÉTAIENT AGRIPPÉES À MOI, SUR LE QUAI, COMME SI C'ÉTAIT LA DERNIÈRE CHOSE QU'ELLES DEVAIENT JAMAIS TENIR.
AUX LARMES QUI AVAIENT FURTIVEMENT FAIT LEUR APPARITION AU COIN DE VOS YEUX.
JE DEVAIS REVENIR.
IL ÉTAIT ABSOLUMENT IMPENSABLE QUE JE MEURE ICI, MAINTENANT.
ET C'EST AU MOMENT OÙ CETTE PENSÉE UNIQUE A PRIS POSSESSION DE MOI, QUE J'AI TUÉ MON PREMIER HOMME, D'UNE BALLE DANS LA TÊTE.

ATTENDS !!
QUOI ?! QU'EST-CE QU'Y A ?
PFF PFF... J'EN... J'EN PEUX PLUS...
RIEN À FOUTRE !! JE TE RAPPELLE QUE...
BLAM
BLAM
JUSQU'À LA DERNIÈRE SECONDE DE LA DERNIÈRE MINUTE, ALCIDE HENRY SERA RESTÉ MUET, ET C'EST SANS UN MOT, SANS UN CRI, QU'IL EST TOMBÉ.
POUR ELIANI, LE POÈTE DES ÉTALS, LES CHOSES FURENT DIFFÉRENTES.
SON CARACTÈRE D'ORDINAIRE PLACIDE AVAIT CÉDÉ LA PLACE À UNE FUREUR GUERRIÈRE QUE SES CAMARADES LUI CONNAISSAIENT PEUT-ÊTRE, MAIS QUE JE N'AVAIS PAS SOUPÇONNÉE...
EN CHARGEANT L'ENNEMI COMME UN TAUREAU FURIEUX...
IL A OUVERT UNE SORTE DE BRÈCHE DANS LAQUELLE JE ME SUIS ENGOUFFRÉ.
45

BON SANG DE NOM DE DIEU DE BÊTE À CORNES !! MAIS DE QUEL CÔTÉ DE LA RUE ON EST ?!
ON EST DEVANT LE NUMÉRO 50, SERGENT.
J'AI DES YEUX POUR VOIR, MERCI... MAIS DE QUEL CÔTÉ ON DOIT ALLER POUR REJOINDRE L'AVENUE ? PAR LÀ OU PAR LÀ ?
TAP
TAP
HALTE !!
EH !!... TIREZ PAS !! ON EST... FRANÇAIS !!
MOT DE PASSE !!
MURAT... AUS... AUSTERLITZ... PFF... PFFF...
ARRHH ARRHH...
NOM DE DIEU DE BÊTE À CORNES, SOLDAT, MAIS QU'EST-CE QUE VOUS FAITES DANS LES RUES À CETTE...
LES BOCHES, SERGENT !! LES BOCHES... ILS SONT LÀ !!
MAIS QU'EST-CE QUE VOUS RACONTEZ ?!
VOUS AVEZ PAS ENTENDU LES COUPS DE FEU ?
LES BOCHES !! LES BOCHES SONT ENTRÉS DANS PARIS !! ON LES A VUS COMME JE VOUS VOIS, ET C'EST UN MIRACLE SI ON A PU ARRIVER JUSQU'ICI !!
NOM DE DIEU DE... SOLDAT, VOUS AVEZ BU ? VOUS ÊTES SÛR DE CE QUE...
MAIS PUISQU'ON VOUS LE DIT !! ILS SONT LÀ, TOUT PRÈS !! IL FAUT DONNER L'ALERTE !! VITE !!

DANS MA VIE, J'AI BEAUCOUP COURU.
PAR JEU D'ABORD, PUIS PAR GOÛT ET ENFIN PAR PASSION.
MAIS JAMAIS, JAMAIS, JE N'AVAIS COURU COMME ÇA.
JAMAIS ENCORE, JE N'AVAIS COURU PAR NÉCESSITÉ.
COURU POUR MA VIE.
TROIS OU QUATRE SOLDATS ALLEMANDS, OU TOUT DU MOINS C'EST CE QUE J'IMAGINE, AU BRUIT ÉTOUFFÉ DE LEURS BOTTES SUR LE PAVÉ, SE SONT LANCÉS À MA POURSUITE.
MAIS ENTRE LE BARDA QU'ILS AVAIENT SUR LE DOS ET L'AVANCE QUE J'AVAIS RÉUSSI À PRENDRE ET MÊME À CREUSER, ILS ONT VITE COMPRIS QUE C'ÉTAIT PEINE PERDUE...
J'AI ENTENDU L'UN D'ENTRE EUX CRIER « FEUER !! »...
BLAM
PUIS DES IMPACTS SUR LE SOL... COMME UN FEU QUI CRÉPITE...
MON CORPS TOUT ENTIER S'EST TENDU, DANS L'ATTENTE SUFFOQUÉE DE LA BALLE QUI ALLAIT ME FRAPPER LE DOS...
J'AI MIS TOUTE L'ÉNERGIE QUI ME RESTAIT, TOUTES LES FORCES DE MON CORPS, DANS CETTE COURSE QUI SERAIT PEUT-ÊTRE LA DERNIÈRE.
UNE ULTIME BALLE EST VENUE SE FICHER DANS UN MUR, À MA DROITE.
ET J'AI ATTEINT, INCRÉDULE, LE COIN DE LA RUE QUI ALLAIT ME PERMETTRE DE DISPARAÎTRE...

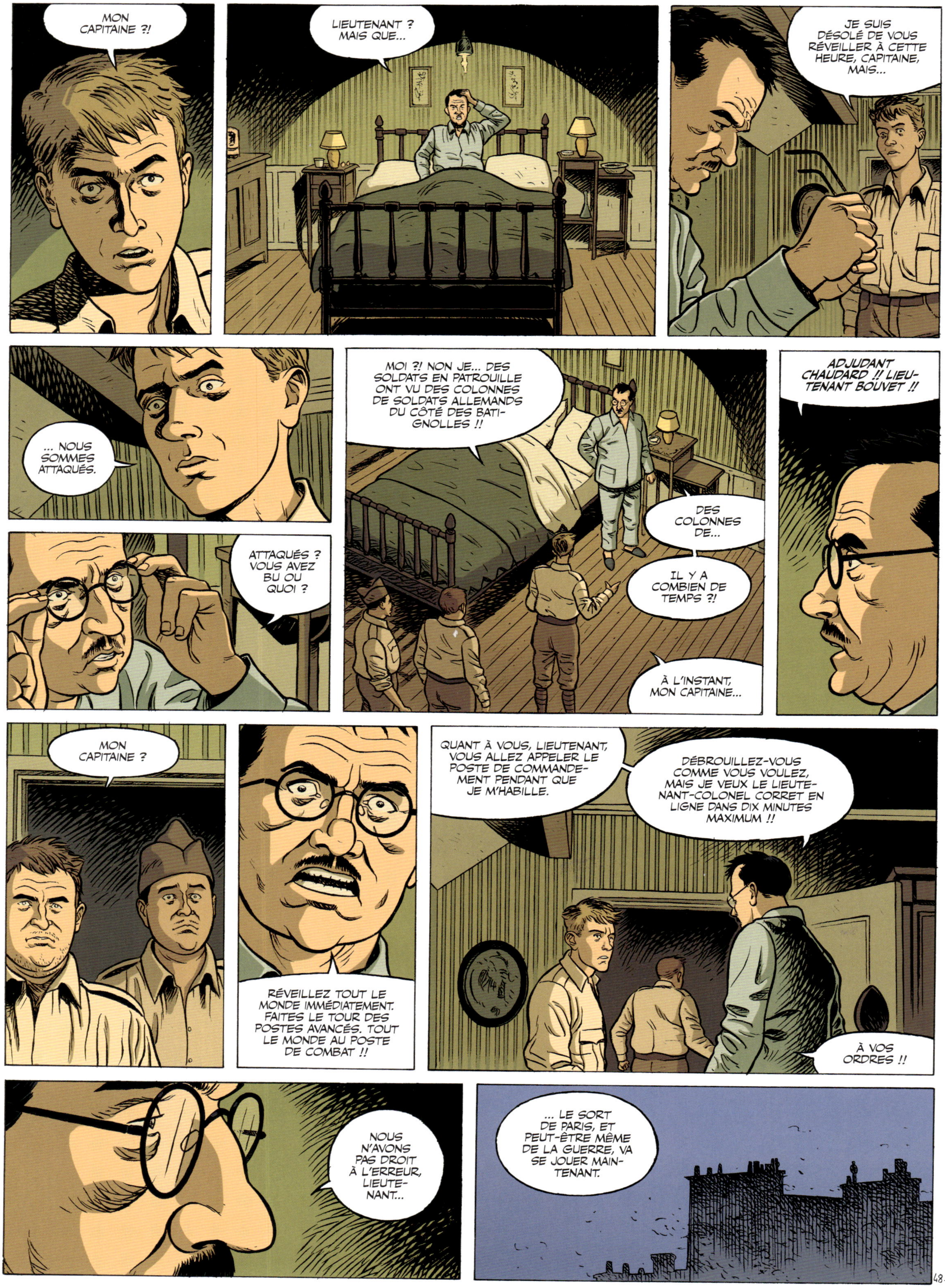

MON CAPITAINE ?!
LIEUTENANT ? MAIS QUE...
JE SUIS DÉSOLÉ DE VOUS RÉVEILLER À CETTE HEURE, CAPITAINE, MAIS...
... NOUS SOMMES ATTAQUÉS.
ATTAQUÉS ? VOUS AVEZ BU OU QUOI ?
MOI ?! NON JE... DES SOLDATS EN PATROUILLE ONT VU DES COLONNES DE SOLDATS ALLEMANDS DU CÔTÉ DES BATIGNOLLES !!
DES COLONNES DE...
IL Y A COMBIEN DE TEMPS ?!
À L'INSTANT, MON CAPITAINE...
ADJUDANT CHAUDARD !! LIEUTENANT BOUVET !!
MON CAPITAINE ?
RÉVEILLEZ TOUT LE MONDE IMMÉDIATEMENT. FAITES LE TOUR DES POSTES AVANCÉS. TOUT LE MONDE AU POSTE DE COMBAT !!
QUANT À VOUS, LIEUTENANT, VOUS ALLEZ APPELER LE POSTE DE COMMANDEMENT PENDANT QUE JE M'HABILLE.
DÉBROUILLEZ-VOUS COMME VOUS VOULEZ, MAIS JE VEUX LE LIEUTENANT-COLONEL CORRET EN LIGNE DANS DIX MINUTES MAXIMUM !!
À VOS ORDRES !!
NOUS N'AVONS PAS DROIT À L'ERREUR, LIEUTENANT...
... LE SORT DE PARIS, ET PEUT-ÊTRE MÊME DE LA GUERRE, VA SE JOUER MAINTENANT.
48-

ALERTE !!
LES BOCHES !!
LEULEU ?! MAIS QU'EST-CE QUE TU...
LEFORT ?! QU'EST-CE... ARF... ARF...
QU'EST-CE QUE TU FAIS LÀ ? OÙ EST PASSÉ ELIANI ?
IL EST PARTI AVEC LE SERGENT ET HENRY. ET IL EN AVAIT APRÈS VOUS, SI J'AI TOUT BIEN COMPRIS...
ALORS C'EST PLUTÔT À MOI DE TE DEMANDER CE QUE TU FAIS LÀ ?! ET QU'EST-CE QUE C'EST QUE CETTE HISTOIRE DE BOCHES ?!
LES BOCHES SONT LÀ !! DANS PARIS !! ON LES A VUS COMME JE TE VOIS !!
DANS PAR... NON MAIS T'AS PICOLÉ OU QUOI ?!
AH ! DÉGAGE, TU ME FAIS PERDRE MON TEMPS !!
FAUT QUE JE RÉVEILLE LES POTES !! PENDANT CE TEMPS-LÀ, GROUILLEZ-VOUS DE METTRE LE MOULIN À CAFÉ EN PLACE !!
MONTRE À GERBIER COMMENT FAIRE !! JE VOUS RAPPORTE TOUS LES CHARGEURS DANS DEUX MINUTES !!
ET OUVREZ L'ŒIL, PARCE QUE LE FEU D'ARTIFICE VA PAS TARDER À COMMENCER !!

OUI, ALLÔ ?
MON GÉNÉRAL ? LIEUTENANT-COLONEL CORRET À L'APPAREIL. JE REÇOIS À L'INSTANT DES INFORMATIONS SELON LESQUELLES LES TROUPES ALLEMANDES ONT INVESTI LA CAPITALE.
VOUS EN ÊTES SÛR ?
AUCUN DOUTE POSSIBLE, MON GÉNÉRAL.
VOUS SAVEZ CE QUE VOUS AVEZ À FAIRE ?
OUI, GÉNÉRAL.
TRÈS BIEN. TENEZ-MOI INFORMÉ TOUTES LES HEURES.
GASTON !! RÉVEILLEZ-VOUS !! *VITE !!*
MON GÉNÉRAL ?
METTEZ UN PANTALON ET COUREZ RÉVEILLER LE GÉNÉRAL WEYGAND !! BRANLE-BAS DE COMBAT À TOUS LES ÉTAGES !!
C'EST AINSI, DANS LA NUIT DU 8 AU 9 JUILLET 1940, QUE FUT DÉCLENCHÉ LE PLAN « SCARABÉE », IMAGINÉ PAR LORD GORT, WINSTON CHURCHILL ET L'ÉTAT-MAJOR FRANÇAIS FINALEMENT RALLIÉ À LEURS IDÉES.
L'ENNEMI AVAIT UTILISÉ UNE TACTIQUE PRÉVISIBLE : INFILTRER SES TROUPES D'INFANTERIE DANS LES RUES DE LA CAPITALE ET TENTER UN ENCERCLEMENT PAR LES BLINDÉS.
PRUDENTS, LES GÉNÉRAUX ALLEMANDS N'AVAIENT PAS VOULU RISQUER LEURS PRÉCIEUX CHARS DANS LES AVENUES ET BOULEVARDS OÙ ILS SERAIENT DEVENUS DES CIBLES FACILES POUR L'AVIATION OU, SI LES FRANÇAIS DEVENAIENT FOUS AU POINT DE DÉTRUIRE LEUR PROPRE CAPITALE À COUPS D'ARTILLERIE.
AUTANT DE MOUVEMENTS QUI AVAIENT ÉTÉ PRÉVUS ET ANTICIPÉS, PARMI PLUSIEURS SCÉNARIOS POSSIBLES, PAR LES ALLIÉS.
ET LORSQUE LES SILHOUETTES MASSIVES DES PANZERS FURENT EN VUE DES POSITIONS...
FAITES DÉCOLLER L'AVIATION...
50-

MA CHÈRE ANGÈLE.
AU MOMENT OÙ JE VOUS ÉCRIS CETTE LETTRE, TOUT CE QUE JE VAIS RACONTER EST DÉJÀ DU PASSÉ, POUR MOI.
UN PASSÉ CERTES DOULOUREUX À L'EXTRÊME, MAIS QU'IL M'EST IMPOSSIBLE DE TAIRE, SANS QUOI VOUS N'AURIEZ PAS LA MOINDRE CLÉ VOUS PERMETTANT DE COMPRENDRE MA DÉCISION.
LE LIEN QUI NOUS UNIT, DE SIMPLE PETIT BOUT DE FICELLE QU'IL EST DEVENU, POURRAIT ALORS SE ROMPRE À JAMAIS.
... ET IL ME PARAÎT IMPORTANT, ESSENTIEL, MÊME, QUE QUELQU'UN QUI LES A VÉCUS DE L'INTÉRIEUR, AUX PREMIÈRES LOGES, SI J'OSE DIRE, VOUS RACONTE CES ÉVÉNEMENTS DEVENUS HISTORIQUES.
APRÈS AVOIR ÉCHAPPÉ AUX ALLEMANDS, J'AI COURU AU HASARD ET LONGTEMPS, SI BIEN QU'AU LIEU DE ME RAPPROCHER DE NOTRE POSTE AVANCÉ, JE M'EN SUIS ÉLOIGNÉ...
LE TEMPS POUR MOI DE REPRENDRE MON SOUFFLE AINSI QUE MES ESPRITS, ET DE CONSULTER MON PLAN, PUIS JE SUIS REPARTI À BONNE ALLURE VERS NOTRE POSTE AVANCÉ.
JE N'AVAIS QU'UNE HANTISE : NE PAS ÊTRE À LA TÊTE DE MES HOMMES LORSQU'ILS SERAIENT ENGAGÉS PAR L'ENNEMI.
JE VENAIS D'EN PERDRE DEUX, SANS AVOIR RIEN PU FAIRE POUR EMPÊCHER LEUR MORT...
LEURS VISAGES ÉTAIENT GRAVÉS EN MOI COMME À L'EAU-FORTE.
DÈS QUE JE FERMAIS LES YEUX, C'ÉTAIENT LEURS TRAITS, DÉFORMÉS PAR LA SOUFFRANCE, QUE JE VOYAIS.
JEAN-PIERRE ELIANI, 28 ANS, BOUCHER CHARCUTIER, CÉLIBATAIRE.
ALCIDE HENRY, 27 ANS, ÉBÉNISTE, MARIÉ, DEUX ENFANTS.
LES PREMIERS MORTS DE LA BATAILLE DE PARIS...

PUTAIN DE BROUIL-LARD.
PUTAIN DE NUIT.
PUTAIN DE BOCHES.
PUTAIN DE GUERRE.
METTEZ-LA UN PEU EN VEILLEUSE, VOUS VOULEZ...
NON MAIS DIS DONC !! TU VAS NOUS CAUSER MEILLEUR, OUI ?
NON MAIS DIS DONC, TOI-MÊME !! JE TE RAPPELLE QU'EN L'ABSENCE DU SERGENT, C'EST MOI QUI DONNE LES ORDRES, ICI.
PFFF...
Y A PAS DE « PFFF »... TIENS TON POSTE ET GARDE TON ÉNER-GIE POUR LES CHLEUS...
LES CHLEUS, LES CHLEUS... FAUDRAIT QU'Y EN AIT, DES CHLEUS...
AH, TU VAS PAS RECOM-MENCER AVEC ÇA, HEIN !! JE TE DIS QUE...
VOS GUEULES !!
REGARDEZ...
SURTOUT, VOUS ATTENDEZ QU'ILS SOIENT TOUT PRÈS, HEIN...
PERSONNE NE TIRE AVANT MON...
?!
52 -

SERGENT ?!
C'EST LE SERGENT !!
NOM DE DIEU, SERGENT !!
UN PEU PLUS ET ON VOUS PRENAIT POUR UN BOCHE !!
LEULEU... GERBIER... VOUS...
VOUS ÊTES...
VOUS ÊTES VIVANTS !!
VOUS ÊTES VIVANTS !! MON DIEU, VOUS ÊTES VIVANTS !!
EN VOTRE ABSENCE, J'AI PRIS LA DIRECTION DU GROUPE, ET COMME VOUS POUVEZ LE VOIR, NOUS AVONS...
SERGENT MEUNIER ?! OÙ SONT PASSÉS ELIANI ET HENRY ?!
ELIANI ? HENRY ?
ILS...
ILS SONT...
BLAM
BLAM
NOM DE DIEU !! LES BOCHES !!
TOUT LE MONDE À SON POSTE !! VITE !
53-

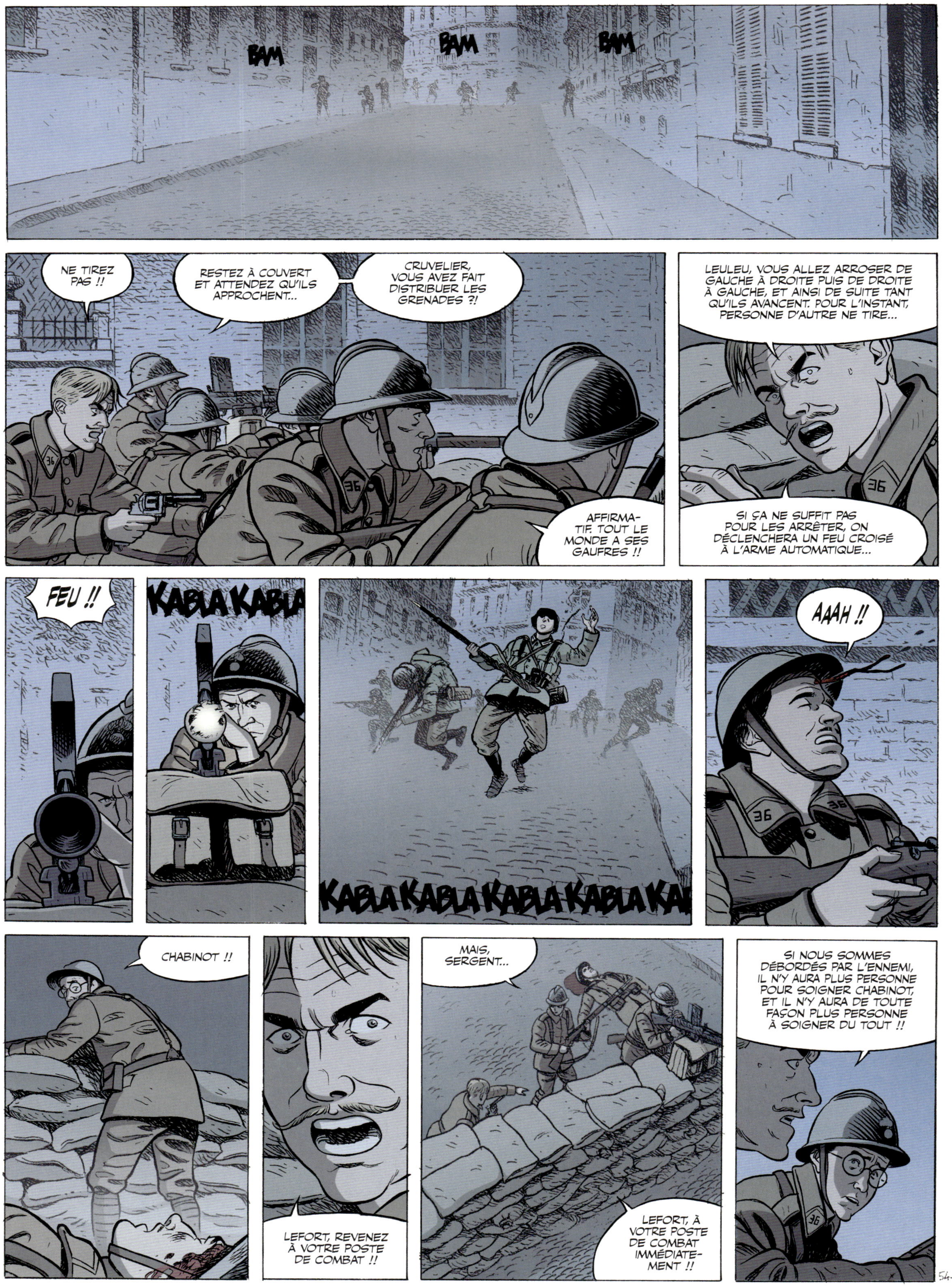
BAM
BAM
BAM
NE TIREZ PAS !!
RESTEZ À COUVERT ET ATTENDEZ QU'ILS APPROCHENT...
CRUVELIER, VOUS AVEZ FAIT DISTRIBUER LES GRENADES ?!
AFFIRMATIF. TOUT LE MONDE A SES GAUFRES !!
LEULEU, VOUS ALLEZ ARROSER DE GAUCHE À DROITE PUIS DE DROITE À GAUCHE, ET AINSI DE SUITE TANT QU'ILS AVANCENT. POUR L'INSTANT, PERSONNE D'AUTRE NE TIRE...
SI ÇA NE SUFFIT PAS POUR LES ARRÊTER, ON DÉCLENCHERA UN FEU CROISÉ À L'ARME AUTOMATIQUE...
FEU !!
KABLA KABLA
KABLA KABLA KABLA KABLA KA
AAAH !!
CHABINOT !!
LEFORT, REVENEZ À VOTRE POSTE DE COMBAT !!
MAIS, SERGENT...
LEFORT, À VOTRE POSTE DE COMBAT IMMÉDIATEMENT !!
SI NOUS SOMMES DÉBORDÉS PAR L'ENNEMI, IL N'Y AURA PLUS PERSONNE POUR SOIGNER CHABINOT, ET IL N'Y AURA DE TOUTE FAÇON PLUS PERSONNE À SOIGNER DU TOUT !!

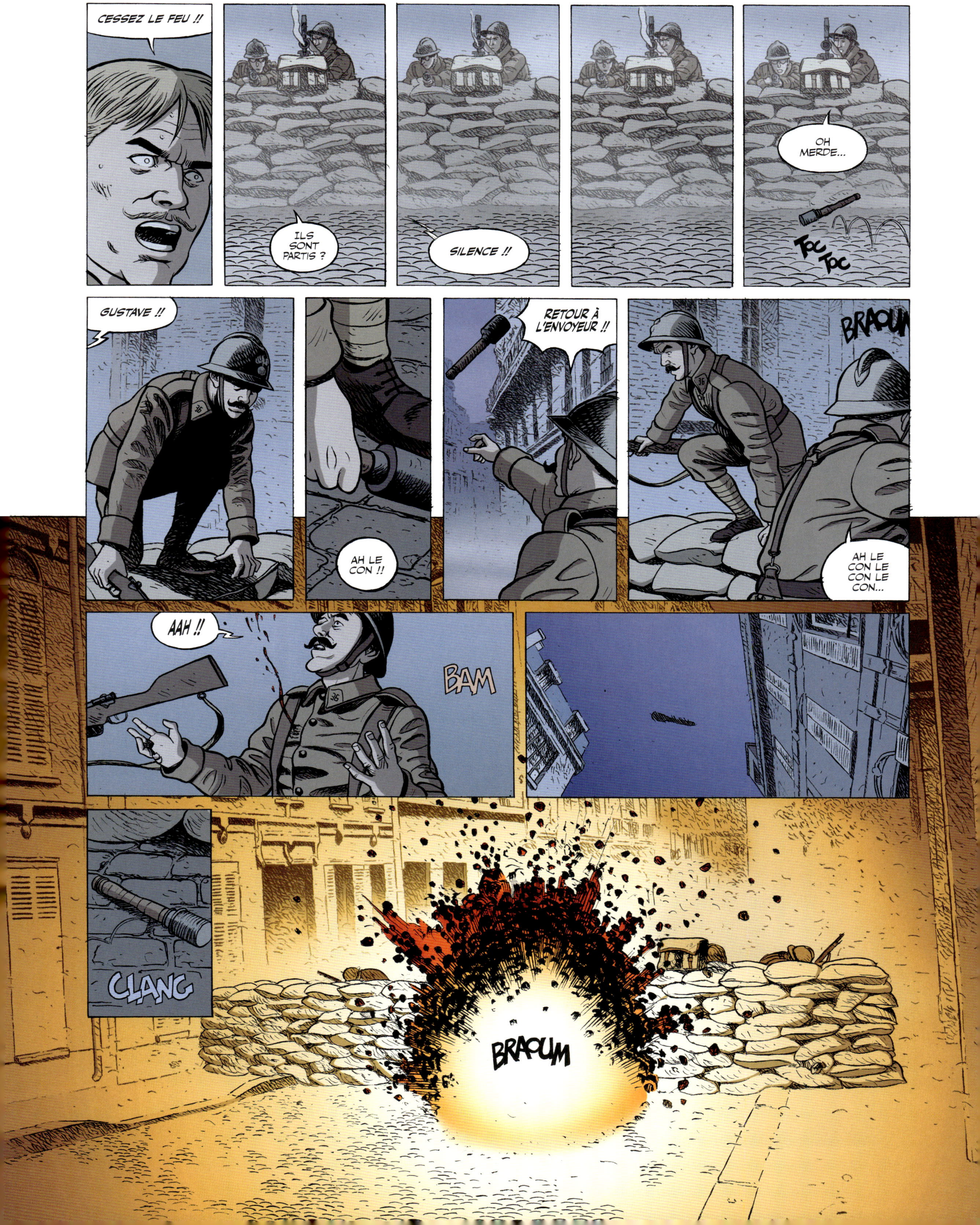
CESSEZ LE FEU !!
ILS SONT PARTIS ?
SILENCE !!
OH MERDE...
TOC TOC
GUSTAVE !!
AH LE CON !!
RETOUR À L'ENVOYEUR !!
BRAOUM
AH LE CON LE CON LE CON...
AAH !!
BAM
CLANG
BRAOUM

LOS !!
BAM
BAM
EXISTE-T-IL VRAIMENT DES MOTS CAPABLES DE RENDRE L'HORREUR DE CE QU'EST LA GUERRE ?
QUI PEUT IMAGINER LE DÉCHAÎNEMENT DE BARBARIE ET DE SOUFFRANCE QUE REPRÉSENTE UN AFFRONTEMENT AU CORPS À CORPS ?
EST-CE BIEN À ÇA QUE DES MILLIONS D'ANNÉES D'ÉVOLUTION ONT CONDUIT L'ÊTRE HUMAIN ?
UN HOMME QUI ENFONCE UN MORCEAU DE FER TRANCHANT DANS LE VENTRE D'UN AUTRE HOMME ?
QUI LUI FAIT EXPLOSER LE CRÂNE EN PRESSANT UNE GÂCHETTE ?
QUI FAIT DE SES JAMBES UNE INDESCRIPTIBLE CHARPIE D'UNE RAFALE D'ARME AUTOMATIQUE?
EST-CE POUR ÇA QUE NOUS ÉTIONS NÉS ?
PARTIR, ICI, DANS CETTE BOUCHERIE, SANS TAMBOUR NI TROMPETTE ?
REGARDER NOTRE VIE S'ÉCOULER PAR NOTRE SANG, PAR NOS TRIPES ET MOURIR, SUR LE PAVÉ DE PARIS, SANS FLEURS NI COURONNES ?
« VOUS TIENDREZ QUOI QU'IL ARRIVE, VOUS TIENDREZ. », NOUS AVAIT ORDONNÉ NOTRE CAPITAINE.
C'EST CE QUE NOUS AVONS FAIT.
ET COMME NOUS, DES CENTAINES D'AUTRES SOLDATS FRANÇAIS QUI TENAIENT DIVERSES POSITIONS DANS PARIS.
J'AIMERAIS DIRE QU'AUCUN D'ENTRE NOUS N'A SONGÉ, UN SEUL INSTANT, À DÉPOSER LES ARMES OU À PRENDRE SES JAMBES À SON COU.
56 -

ET C'EST AINSI, LE 9 JUILLET 1940, ALORS QUE LE SOLEIL SE LEVAIT SUR LA CAPITALE, QUE LE GROUPE DONT J'AVAIS LA RESPONSABILITÉ A ÉTÉ DÉCIMÉ.
VOUS DEVEZ VOUS DEMANDER, MA PETITE ANGÈLE, COMMENT J'AI FAIT POUR M'EN SORTIR INDEMNE.
EH BIEN... JE N'AI RIEN FAIT. ET JE N'EN SUIS PAS SORTI INDEMNE.
ALORS QUE J'EN ÉTAIS ENCORE À ME DEMANDER CE QUE JE POUVAIS BIEN FAIRE POUR ARRÊTER CE MASSACRE, J'AI RESSENTI UNE DOULEUR EN HAUT DE LA POITRINE, COMME SI J'AVAIS REÇU UN ÉNORME COUP DE MARTEAU.
JE SUIS TOMBÉ À LA RENVERSE TANDIS QU'UNE ONDE DE CHOC PARCOURAIT TOUT MON CORPS, AVANT DE LAISSER PLACE À UNE DOULEUR INTENSE.
JE PENSE AVOIR PERDU CONNAISSANCE QUELQUES MINUTES...
QUAND JE SUIS REVENU À MOI, IL N'Y AVAIT PLUS UN BRUIT DANS LA RUE.
J'ENTENDAIS, AU LOIN, LES ÉCHOS DES COMBATS, ET LE VROMBISSEMENT DES AVIONS, MAIS DANS LA RUE, TOUT ÉTAIT AUSSI CALME QUE S'IL NE S'ÉTAIT ABSOLUMENT RIEN PASSÉ.
JE SAIGNAIS ABONDAMMENT PAR UNE BLESSURE SITUÉE AU-DESSUS DE MON OMOPLATE GAUCHE.
J'AVAIS COMME UN BOURDONNEMENT DANS LE CRÂNE ET EXTRÊMEMENT SOIF.
AUTOUR DE MOI, FIGÉS DANS DES POSTURES VARIÉES, REPOSAIENT LES HOMMES DE MON GROUPE.
MORTS.
TOUS MORTS.

... GUSTAVE ROY, 31 ANS, PLOMBIER-ZINGUEUR. MORT.
... JACQUES LEFORT, 28 ANS, OUVRIER ÉMAILLEUR. MORT.
... JEAN CHABINOT, 27 ANS, VITRIER. MORT.
... MARCEL CRUVELIER, 32 ANS, COLPORTEUR. MORT.
... PIERRE ROY, 31 ANS, PLOMBIER-ZINGUEUR. MORT.
... ANTOINE GERBIER, 30 ANS, ÉBÉNISTE. MORT.
LAURENT LÉPINE, 26 ANS, CHAUFFEUR-LIVREUR. MORT.
ET MOI, FERDINAND MEUNIER, INSTITUTEUR. VIVANT.
INEXPLICABLEMENT VIVANT.
58.

DURANT LES PREMIERS MOIS DE GUERRE, LE MANQUE DE PRÉSENCE DE L'AVIATION FRANÇAISE AVAIT PERMIS AUX ALLEMANDS DE PROGRESSER TRÈS VITE ET TRÈS LOIN, JUSQU'À « ACCULER » LES ALLIÉS DANS LA CAPITALE FRANÇAISE.
LA FAUTE EN INCOMBAIT À UN ÉTAT-MAJOR DONT LES MOYENS DE COMMUNICATION DATAIENT D'UN AUTRE TEMPS.
MAIS LES ALLIÉS AVAIENT IDENTIFIÉ LA FAILLE ET Y AVAIENT REMÉDIÉ VAILLE QUE VAILLE PAR LA MISE EN PLACE D'UN SYSTÈME DE TÉLÉPHONE PERFORMANT.
10
C'EST DONC D'ABORD UN DÉLUGE DE FEU VENU DU CIEL QUI, DÈS QUE L'AUBE POINTA À L'HORIZON DES PLAINES DU BASSIN PARISIEN, S'ABATTIT SUR L'ENNEMI.
LE DEUXIÈME MOUVEMENT DEVAIT ÊTRE CELUI DES UNITÉS BLINDÉES QUI, DEPUIS SAINT-GERMAIN-EN-LAYE, À L'OUEST, ET MEAUX, À L'EST, SE PRÉCIPITÈRENT POUR ENCERCLER L'ENNEMI ENTRÉ DANS PARIS, ET LE COUPER DES AUTRES DIVISIONS ALLEMANDES.
AUX ALENTOURS DE MIDI, DANS UNE TEMPÊTE DE FEU ET D'ACIER, LES TROUPES ALLIÉES OPÉRAIENT LEUR JONCTION ET ÉTABLISSAIENT UNE LIGNE DE FRONT SOLIDE, FACE À UN ENNEMI PRIS AU DÉPOURVU PAR CETTE TACTIQUE ET PAR LA PUISSANCE DE FEU DE L'AVIATION FRANCO-BRITANNIQUE.
PRISES DE PANIQUE, LES UNITÉS ALLEMANDES PERDUES DANS LA CAPITALE FUYAIENT EN TOUT SENS, VERS SAINT-DENIS, VERS AULNAY-SOUS-BOIS, VERS NANTERRE, OÙ LES ATTENDAIENT AUTANT D'UNITÉS ENNEMIES.
LA LIGU
LES COMBATS FURENT INTENSES. LES MORTS SE COMPTAIENT PAR MILLIERS. MAIS BIENTÔT, LES GROUPES DE COMBATTANTS ALLEMANDS SE RENDAIENT, LES UNS APRÈS LES AUTRES.
EN MILIEU D'APRÈS-MIDI, APRÈS UNE ULTIME COURSE DES RÉGIMENTS DE RÉSERVE, POUR ALLER RENFORCER UNE LIGNE DE FRONT QUI AVAIT UN TEMPS VACILLÉ SOUS UNE TENTATIVE DE CONTRE-ATTAQUE ALLEMANDE, LE MOT COMMENÇAIT À SE RÉPANDRE PARMI LES MEMBRES DE L'ÉTAT-MAJOR.
COMME UN SÉSAME, UNE FORMULE MAGIQUE, IL SE MURMURAIT, SE RÉPÉTAIT, SE FREDONNAIT, SE CHANTAIT PRESQUE, DE BOUCHE EN BOUCHE, DE LIEU EN LIEU, DE GROUPE EN GROUPE...
... VICTOIRE...
... VICTOIRE...
CETTE « BATAILLE DE PARIS » COMME ON AVAIT DÉJÀ COMMENCÉ À L'APPELER, ÉTAIT UNE VICTOIRE.
59.

ON M'A DÉCORÉ DE LA MÉDAILLE MILITAIRE, AINSI QUE TOUS MES HOMMES, À TITRE POSTHUME, ET ON M'A ACCORDÉ UNE PERMISSION.
RÉPUBLIQUE FRANÇAISE
1870
JE VAIS RENTRER, ANGÈLE.
MAIS J'AI PEUR QUE CELUI QUI VIENDRA FRAPPER À VOTRE PORTE NE SOIT BIEN DIFFÉRENT DE CELUI QUI VOUS A QUITTÉE, LA PEUR AU VENTRE ET LA LARME AU COIN DE L'ŒIL, IL Y A QUELQUES MOIS.
LA GUERRE ET LA MORT M'ONT CHANGÉ, ANGÈLE.
JE NE SAIS PAS ENCORE VRAIMENT EN QUOI.
J'ESPÈRE TROUVER LA RÉPONSE DANS VOS BRAS.
VOTRE FERDINAND, QUI VOUS EMBRASSE FORT ET QUI VOUS AIME.

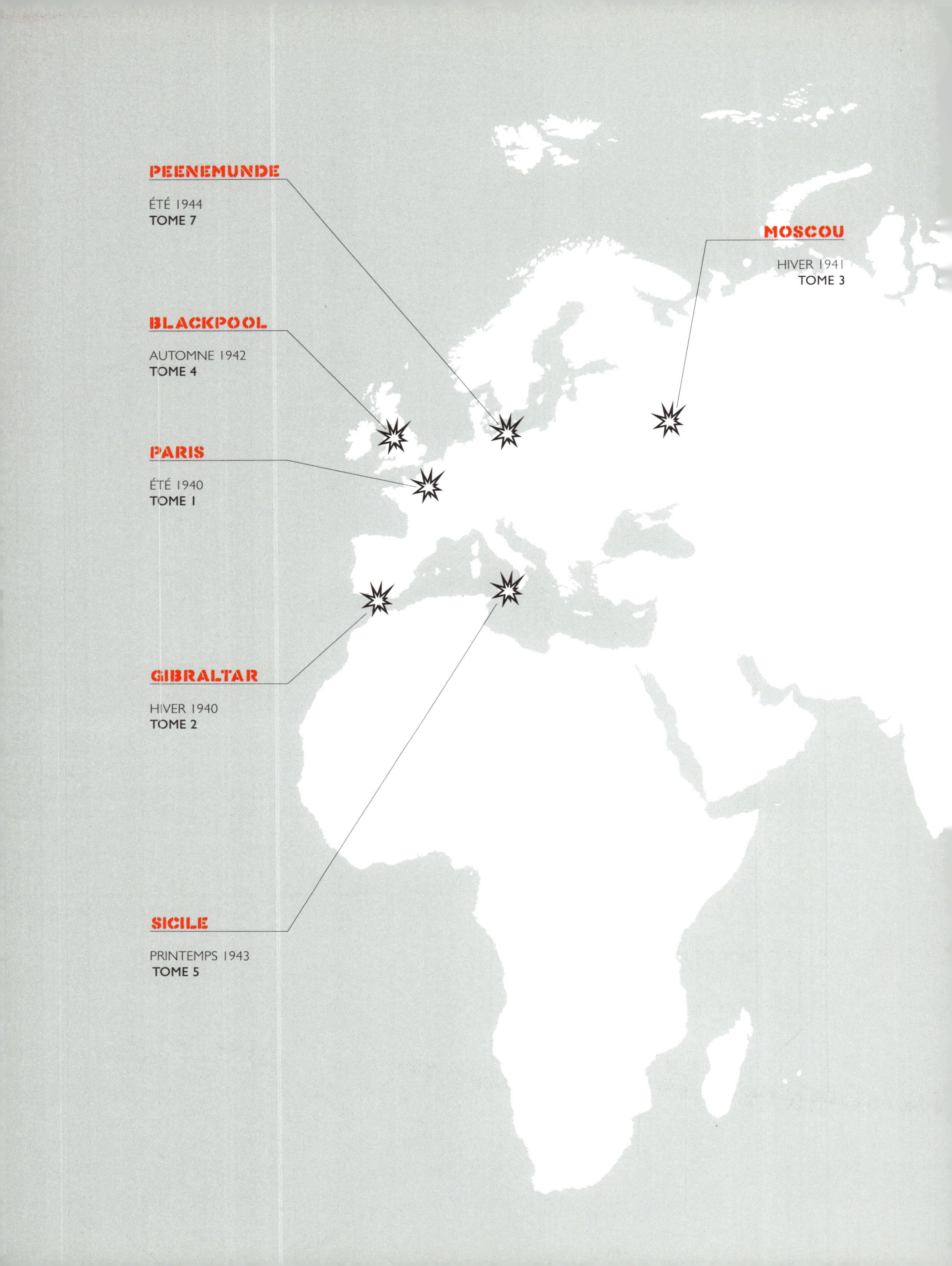
PEENEMUNDE
ÉTÉ 1944
TOME 7
BLACKPOOL
AUTOMNE 1942
TOME 4
PARIS
ÉTÉ 1940
TOME 1
GIBRALTAR
HIVER 1940
TOME 2
SICILE
PRINTEMPS 1943
TOME 5
MOSCOU
HIVER 1941
TOME 3